PERCEPÇÃO

fenomenologia   ecologia   semiótica

Dados Internacionais de Catalogação na Publicação (CIP)
(Câmara Brasileira do Livro, SP, Brasil)

Santaella, Lucia
Percepção : fenomenologia, ecologia, semiótica / Lucia
Santaella. -- São Paulo : Cengage Learning, 2021.

Bibliografia
ISBN 978-85-221-1155-8
1. reimpr. da 1. ed. de 2012.

1. Ecologia 2. Fenomenologia 3. Percepção
4. Semiótica I. Título.

11-04601   CDD-003.52

Índice para catálogo sistemático:
1. Teorias da percepção 003.52

PERCEPÇÃO

fenomenologia ecologia semiótica

Lucia Santaella

Percepção. Fenomenologia Ecologia Semiótica
Lucia Santaella

Gerente Editorial: Patricia La Rosa

Supervisora Editorial: Noelma Brocanelli

Editor de Desenvolvimento: Fábio Gonçalves

Supervisora de Produção Editorial:
   Fabiana Alencar Albuquerque

Copidesque: Vivian Miwa Matsushita

Revisão: Rinaldo Milesi e Luicy Caetano de Oliveira

Diagramação: Cia. Editorial

Capa: Ale Gustavo

© 2012 Cengage Learning Edições Ltda.
Todos os direitos reservados.

Todos os direitos reservados. Nenhuma parte deste livro poderá ser reproduzida, sejam quais forem os meios empregados, sem a permissão, por escrito, da Editora. Aos infratores aplicam-se as sanções previstas nos artigos 102, 104, 106 e 107 da Lei nº 9.610, de 19 de fevereiro de 1998.

Para informações sobre nossos produtos, entre em contato pelo telefone **0800 11 19 39**

Para permissão de uso de material desta obra, envie seu pedido
para **direitosautorais@cengage.com**

© 2012 Cengage Learning. Todos os direitos reservados.

ISBN-13: 978-85-221-1155-8
ISBN-10: 85-221-1155-3

Cengage Learning
Condomínio E-Business Park
Rua Werner Siemens, 111 – Prédio 20 – Espaço 4
Lapa de Baixo – CEP 05069-900
São Paulo – SP
Tel.: (11) 3665-9900 – Fax: (11) 3665-9901
SAC: 0800 11 19 39

Para suas soluções de curso e aprendizado, visite
www.cengage.com.br

Impresso no Brasil.
Printed in Brazil.
1. reimpr. de 2021

*Dedico este livro
ao maravilhamento da vida
que vem à luz:
Leonardo*

Sumário

Apresentação, XI

Introdução, 1

    A crescente relevância das teorias da percepção, 1
    A tradição das teorias da percepção, 4
        Panorama 1, 4
        Panorama 2, 6
        Panorama 3, 9
    Comentários, 11

Capítulo 1   Teoria da percepção em primeira pessoa, 13

    Antecedentes filosóficos, 14
    Os preconceitos clássicos e o retorno ao fenômeno, 17
        Sensação, 17
        Associação e projeção de memórias, 18
        Atenção e julgamento, 18
        O campo fenomenal, 20
    O corpo, 22
        O corpo como objeto e a fisiologia mecanicista, 22
        A experiência do corpo e a psicologia clássica, 23
        A espacialidade do corpo próprio e a motricidade, 23
        A síntese do corpo próprio, 24
        O corpo como ser sexuado, 25
        O corpo como expressão e a fala, 26
    O mundo percebido, 28
        O sentir, 28

O espaço, 30
A coisa e o mundo natural, 31
O Outro e o mundo humano, 33
O ser para si e o ser-no-mundo, 35
    O cogito, 35
    A temporalidade, 37
    A liberdade, 39
Comentários, 39
    Uma fenomenologia radical, 39
    Após a fenomenologia, 41
    Da fenomenologia a uma ecologia da percepção, 42

Capítulo 2   A ecologia da percepção, 47

A evolução da obra gibsoniana rumo à ecologia da percepção, 48
Conceitos fundamentais da ecologia da percepção e suas articulações, 51
    Ambiente vital *versus* espaço físico, 51
    Espaço e tempo: superfícies e eventos, 54
    Affordance, 56
    Arranjo óptico ambiental, 58
    Estímulo informativo, 63
    Sistemas perceptivos, 65
    Percepção: da psicofísica à ecologia, 67
Comentários, 70

Capítulo 3   Panorama da semiótica de Peirce, 75

Introdução, 75
Visão panorâmica da semiótica peirceana, 78
    A arquitetura filosófica de Peirce, 78
    Categorias e signo, 79
    Tipos de signo e seus objetos, 82
    Signo é mediação, 84
    Os tipos de objeto, 86
    Signos, objetos imediatos e objetos dinâmicos, 87

Capítulo 4   Teoria da percepção I: os intérpretes de Peirce, 89

A teoria da percepção no contexto de uma filosofia realista, 89
A natureza ôntica do percepto, 90

A ambiguidade do percepto, 92
Uma solução para o impasse, 92
A percepção no registro da semiose, 94
O julgamento de percepção e a inferência abdutiva, 95
Dentro e fora dos perceptos, 97
Desmontagem do argumento dos dois perceptos, 99
Noções-chave para a percepção, 102
Ambiguidade do julgamento de percepção, 104
Revisão do julgamento de percepção, 106

Capítulo 5 **Teoria da percepção II: uma reconstituição, 111**

O objeto do signo também é signo ou quase-signo, 111
A gangorra perceptiva e os órgãos sensoriais, 112
O julgamento perceptivo como signo, 113
O percepto e as categorias, 114
A semiose perceptiva, 116
O interpretante no processo perceptivo, 118
Os três níveis do *percipuum*, 119
Os três níveis do julgamento de percepção, 121
    O ícone na percepção, 122
        O ícone puro, 123
        Os ícones atuais, 126
        O papel do ícone no julgamento perceptivo, 128
        Julgamentos perceptivos de quali-signos icônicos, 130
O índice no julgamento perceptivo, 132
    O que é o índice, 132
    O papel do índice no julgamento perceptivo, 132
O símbolo no julgamento perceptivo, 133
    O que é o símbolo, 133
    Os ingredientes cognitivos do julgamento perceptivo, 133
Comentários, 135

Comentários finais, 139

Referências bibliográficas, 143

Apresentação

Em 1993, publiquei um pequeno livro sobre percepção pela editora Experimento. O título – *Percepção. Uma teoria semiótica* – era justo, pois o livro não ia além da proposta de apresentar estritamente minha tentativa de reconstituição da teoria peirceana da percepção, de resto, uma teoria que só pode se fazer entender em seu entrelaçamento inseparável com a lógica ternária, também chamada semiótica, esta alicerçada na fenomenologia de estirpe peirceana. A apresentação que fiz ao livro na época é indicadora do contexto no qual ele nasceu. Por isso mesmo, vale a pena transcrever essa breve apresentação na íntegra.

A convite da Associação Brasileira de Semiótica-Regional São Paulo, em outubro de 1990, ministrei, durante uma semana, um minicurso, num total de 15 horas, sobre "Uma Teoria Semiótica da Percepção". A acolhida dada ao curso pelos alunos foi numerosa e intensa na qualidade da atenção e interesse. Para mim, foi uma experiência gratificante, tanto pela reação suscitada quanto pelo significativo avanço que tive oportunidade de fazer, na ocasião, dentro da teoria da percepção de Peirce, o que, sem dúvida, deve ter sido fruto, de um lado, dos estudos e revisões que realizei para dar o curso. Mas, de outro lado, e prioritariamente, deve ter sido fruto da ressonância privilegiada entre os alunos e mim, naqueles momentos em que era tal a sintonia entre o ouvir e o falar, que muitas das descobertas e resolução de problemas, que havia muito me perturbavam, foram se dando no ato mesmo da fala, no exato momento em que eram apresentados. Se "nossa fala nos ensina nosso pensamento", naqueles momentos, foi muito mais o uníssono entre minha fala e a mente entre atenta e carinhosa de quase cem pessoas o que me ensinava meu pensamento. Guardo a lembrança desse curso como uma daquelas raras e caras conjunções em que o lado profissional e o pessoal se casam em nossa vida de modo indissociável, numa feliz consonância.

Para aumentar o traço de positividade daquela semana, algum tempo depois, uma das alunas do curso, Lygia Hellmeister, enviou-me, como presente, o texto por ela editado, da transcrição das aulas, que haviam sido gravadas. Assim que vi o material, dei-me conta da sua possibilidade de ele se transformar em um pequeno livro. Mas o excesso de atividades em que estava envolvida naqueles meses não me dava chance sequer para planejar um momento no futuro em que isso poderia ser feito. Esse momento chegou, finalmente, e estimulado, em grande medida, pelo interesse demonstrado pela editora em publicá-lo.

Ao reler o material, contudo, dei-me conta de que, embora em sua trajetória geral, o livro pudesse seguir quase a mesma linha das aulas, havia muita modificação a ser feita, não apenas em termos de estilo, resultado da passagem das liberdades permitidas pela linguagem oral para a escrita, mas também porque meu próprio entendimento da teoria da percepção peirceana passara por modificações, sutis, mas não desprezíveis. Tais modificações foram provocadas pela leitura de bibliografia adicional a que não havia tido acesso até 1990, quer pela dificuldade desse acesso, que só pude sanar quando de minha visita à biblioteca da Universidade de Indiana, EUA, em janeiro-fevereiro de 1992, graças a uma bolsa de estudos concedida pela Fapesp, quer devido ao aparecimento de uma bibliografia nova, não existente em 1990.

Com as reconsiderações acima, são quase exatamente aquelas aulas de 1990 que estarão presentes neste livro, acrescidas agora de minha gratidão a Lygia Hellmeister por sua gentil dedicação, expressa na linda surpresa de seu presente e que funcionou, sem dúvida, como primeiro arremesso, com força física, e mesmo psicológica, suficiente para estimular o nascimento deste livro.

Desde então, muito tempo se passou. O livro recebeu mais duas ou três edições até que o fechamento da editora, nos anos 2000, interrompeu sua continuidade. Dificilmente reescrevo meus livros já editados. De um lado, porque prefiro dar prosseguimento às minhas pesquisas e ao meu pensamento em novos livros, de outro, também porque, a bem da verdade, minhas ideias – algumas que podem até ser consideradas fixas – foram crescendo, tornando-se mais complexas pelo acréscimo de leituras ao longo dos anos, mas não sofreram mudanças radicais de rumo. Com este livro sobre a percepção, entretanto, as coisas foram um pouco diferentes.

Conforme o conhecimento que tenho da obra de Peirce foi ficando mais sólido e também à medida que meu interesse pelo tema da percepção foi se intensificando e trazendo consigo uma curiosidade pelo que outros grandes autores tinham a dizer sobre o tema, foi crescendo certa insatisfação com o pequeno livro, escrito em 1992. Não quero dizer com isso que nego a reconstituição da teoria da percepção que realizei naquele momento. A rigor, ela não continha erros, mas, sim, lacunas. Além disso, a organização do conteúdo estava um pouco fragmentada, com idas e vindas que, provavelmente, só dificultavam ainda mais a compreensão que o leitor poderia ter da complexa teoria que estava sendo exposta.

Outra razão para a insatisfação advinha do fato de que a teoria peirceana é estritamente lógica. Ela desenha a urdidura dos movimentos dinâmicos dos fatores constitutivos da percepção. Esse desenho abraça o processo perceptivo do início ao fim. Mas falta a ele o conteúdo mundano, sensorial e psicológico que dão à percepção seu encanto próprio.

Este novo livro revisto e consideravelmente ampliado nasce, portanto, de um refazimento menos lacunar e mais bem sistematizado da teoria da percepção de Peirce, refazimento conquistado por anos e mesmo décadas de intimidade com o pensamento peirceano, que não cessa de me atrair e me trazer *insights* inesperados, e da convivência que aqui proponho de Peirce com dois outros gigantes (Merleau Ponty e J. J. Gibson) da reflexão sobre esse tema tão fascinante e absorvente, a percepção, atraente justo porque nos coloca no coração que pulsa em nosso estar no mundo.

Introdução

A questão da percepção sempre despertou enorme interesse. Isso tem se intensificado desde o século XIX, com as alterações que o mundo moderno veio, cada vez mais, imprimindo sobre as faculdades perceptivas e cognitivas humanas o que não escapou à atenção de filósofos, antropólogos, teóricos da cultura, psicólogos etc. Coadjuvantes fundamentais dessas alterações têm sido as mídias tecno-visuais, tecno-sonoras, corpo-técnicas, desde a fotografia e o gramofone até as complexas urdiduras dos fluxos das linguagens hipermidiáticas que povoam as redes digitais fixas e móveis de comunicação e que costumo chamar de linguagens líquidas (Santaella, 2007). Recentemente, as pesquisas sobre percepção ganharam novo impulso com as ciências cognitivas.

A crescente relevância das teorias da percepção

Diante disso, é grande o número de teorias da percepção que surgiram. Em todas elas, no entanto, embora muitas vezes não de modo explícito ou consciente, tem havido uma tendência dominante de redução dos processos da percepção exclusivamente à visualidade. Que isso tenha ocorrido não é de se estranhar, visto que pesquisas empíricas – não se sabe até que ponto confiáveis – revelam que, provavelmente devido a razões de especialização evolutiva, 75% da percepção humana, no estágio atual da evolução, é visual. Ou seja, a orientação do ser humano no espaço, grandemente responsável por seu poder de defesa e sobrevivência no ambiente em que vive, depende majoritariamente da visão. Os outros 20% são relativos à percepção sonora e os 5% restantes aos outros sentidos, ou seja, tato, olfato e paladar.

A primeira e imediata conclusão a que se costuma chegar diante disso é que tal dominância de um sentido sobre os outros deve ter sido e estar sendo devida ao fato de que poderosos meios ou extensões do sentido visual foram historicamente criados, tais como telescópios, microscópios, radares, todos os aparelhos da família da fotografia, então, a televisão, holografia, imagens computacionais 2 e 3-D, o que deve retroalimentar uma tendência, se é que ela existe, para a especialização visual da espécie humana. Do mesmo modo, se a audição, por seu lado, desempenha um papel de destaque entre os sentidos, também para ela foram criados aparelhos que funcionam como extensões capazes de lhe aumentar a complexidade.

Depois de muito pensar sobre isso, comecei a fazer uma pergunta que, a meu ver, deve ser levantada anteriormente a qualquer outra. Por que será que, até hoje, não obstante todo o desenvolvimento da tecnologia, só o olho e o ouvido foram premiados pela invenção de extensões que lhes aumentam o potencial? A tentativa de resposta a essa questão encontra-se em um dos capítulos do livro *Matrizes da linguagem e pensamento. Sonora, visual, verbal* (Santaella, 2001) cujo argumento sintetizo a seguir. Só o olho e o ouvido são órgãos dos sentidos diretamente ligados ao cérebro, ou melhor, são buracos que se conectam diretamente com o cérebro, em oposição aos outros sentidos que são buracos ligados às vísceras, sendo sentidos mais viscerais, portanto. Se não é abusivo, pode-se dizer, consequentemente, que olho e ouvido, embora também corporais, são sentidos mais cerebrais, enquanto os demais sentidos são mais corporais do que cerebrais, o que não significa que não sejam capazes de criar formas de pensamento ou quase-pensamento que lhes são próprias.

Deve ser devido à sua posição em relação ao cérebro que o olho e o ouvido se constituem em aparelhos biológicos altamente especializados. Em linguagem técnica da comunicação, eles não se constituem apenas em canais para a transmissão de informação, mas em verdadeiros órgãos codificadores e decodificadores das informações emitidas e recebidas, de modo que, parte da tarefa, que seria de responsabilidade do cérebro realizar, já começaria a ser realizada dentro desses dois órgãos para se completar no cérebro.

Os outros órgãos, por seu lado, estariam diretamente ligados aos apetites físicos, tendo, por isso mesmo, conexões mais indiretas com o cérebro, diferentes da visão e da audição que seriam, mais propriamente, partes constitutivas do próprio cérebro. Não é por acaso, portanto, que não foram criados aparelhos os quais funcionem como extensões do poder dos sentidos corporais, visto que tais sentidos, eles mesmos, são mais vagos e difusos, mais sensoriais, no significado estrito da palavra, e não especializados da mesma maneira que órgãos de codificação e decodificação devem ser.

Outra consequência evidente disso tudo são os inúmeros sistemas de signos visuais e também sonoros, isto é, processos de produção de linguagens e de transmissão de mensagens que a humanidade foi criando ao longo de sua existência, sem que nenhum sistema de signos olfativos ou sistemas relativos ao tato fossem criados. O tato, aliás, caracteriza-se como um sentido distributivo, sendo também funcional como auxiliar da visão e audição. Quanto ao paladar, é discutível se a culinária seria um sistema de signos que lhe é correspondente.

Que tenhamos razões e justificativas para a dominância do sentido visual e mesmo auditivo, portanto, não é de se estranhar. Mas a questão a ser considerada, a partir dessa dominância, e que me interessa neste momento, é que, com a redução dos estudos da percepção à visualidade, acabou havendo também uma tendência a se dar grande atenção, nesses estudos, ao que ocorre na relação entre o objeto percebido e a retina ou, mais amplamente, o globo ocular, em detrimento dos fatores mais misteriosos, porque menos observáveis, ou seja, os que dizem respeito às intrincadas relações entre aquilo que é percebido e a mente de quem percebe.

Neste século, aliás, pelo menos na sua primeira metade, a palavra "mente" foi praticamente banida da psicologia experimental, o que trouxe como resultado o fato de questões mentais nem sequer entrarem nas cogitações das investigações sobre percepção. Esse fator foi também provocado por dificuldades enfrentadas pelas teorias gestaltistas em dar credibilidade às suas postulações sobre os processos isomórficos entre as leis da forma e as leis da percepção a nível mental.

No campo das artes, embora existam teorias importantes sobre a percepção das formas visuais, tais como a de R. Arnheim e a de E. Gombrich principalmente, essas teorias estão muito mais voltadas para a descrição do que ocorre no campo visual propriamente dito, isto é, no quadro, na gravura etc., sendo a percepção um meio para realizar tal descrição, relegando a um plano secundário a compreensão dos processos mentais que regem a percepção.

Enfim, até recentemente, as teorias da percepção, no século XX, pareciam ter perdido o interesse em desvendar os processos cognitivos que estão por trás e que são responsáveis pelas operações de reconhecimento, identificação, memória, previsibilidade, em síntese, habilidades mais propriamente cognitivas, que explicam por que as coisas que estão lá fora, no mundo, chegam até nós de modo que nos é compreensível.

Outra consequência desse desinteresse encontra-se na ruptura da ligação das modernas teorias da percepção psicológicas com o passado filosófico. Se, de fato, as filosofias do passado não se coadunam com os resultados teóricos baseados na observação e no teste experimental de hipóteses, a primeira reação diante desse descompasso foi o abandono de preocupações tidas como mais especulativas, de caráter mais ontológico e mesmo epistemológico. Assim, abriu-se um fosso entre os resultados dos experimentos e a epistemologia da percepção, ou seja, a indagação sobre o papel desempenhado pela percepção nos processos mais gerais do conhecimento.

Tal quadro, aí esquematicamente esboçado, só começou a sofrer modificações quando as questões sobre a cognição voltaram a ser dominantemente colocadas pelas diferentes ciências que compõem o quadro das disciplinas envolvidas com os processos cognitivos, nas novas tentativas de casamento, a que hoje estamos assistindo, entre a psicologia, as neurociências e as ciências computacionais, por exemplo, entre outros.

Enfim, chegou a hora de colocar em relevo teorias mais holísticas, que são capazes de unir as várias pontas dos processos perceptivos, fazendo jus aos seus aspectos ontológicos, epistemológicos, psíquicos, corporais e ecológicos. Além disso, diante da indiscutível importância do papel ocupado pela percepção nos estudos das mídias, na filosofia, na antropologia evolutiva, na psicologia e em todas as ciências que compõem o feixe da ciência cognitiva, cumpre chamar à evidência as teorias que se apresentam como mais poderosas para dar conta das necessidades de respostas multiniveladas e multiorientadas que o contexto atual apresenta. Encontrei na fenomenologia da percepção de Merleau-Ponty, na ecologia da percepção de J. J. Gibson e na semiótica da percepção de C. S. Peirce fortes candidatas a preencher as condições requeridas. Antes de entrarmos nas discussões de cada uma dessas teorias, consideremos as tendências das teorias da percepção, do passado aos nossos dias, de modo que tenhamos algumas bases para avaliar a relevância das três teorias propostas.

A tradição das teorias da percepção

Este tópico não pretende ir além de um panorama extremamente sintético e inevitavelmente lacunar sobre a tradição das teorias da percepção que Merleau-Ponty e Gibson tomaram como referência de suas reflexões e críticas. Até certo ponto, Peirce também aludiu criticamente à tradição que lhe chegou, mais de meio século antes de Merleau-Ponty e de Gibson. O panorama será apresentado em três versões, a primeira delas extraída de Lombardo (1987), a segunda, extraída de J. J. Gibson (1974) e a terceira, de Hagen (1980).

Panorama 1

As teorias da percepção nasceram no momento em que uma explicação foi buscada para a percepção. Tomando por base o retrospecto efetuado por Lombardo (1987, p. 316-317), isso se deu já no mundo grego e, desde então, os questionamentos não pararam. Sem irmos tão longe, basta apontar para os dois principais conceitos que a revolução científica do século XVI retomou dos gregos. A percepção como o evento final de uma série linear de efeitos espacialmente conectados, terminando no percebedor. Neste, a percepção se dá como um evento interior que acontece dentro de um observador interno (*homunculus*). Com a emergência da física newtoniana, a crença, própria de um realismo ingênuo, na veracidade da percepção, foi colocada em questão, pois o mundo como percebido aparecia bem diferente do mundo descrito pela física, o que se acentuou a partir da teoria da relatividade e da física quântica.

Há uma distinção a ser feita entre o realismo ingênuo e o realismo direto. De acordo com o primeiro, o mundo é como parece ser. Para o segundo, o mundo é aquilo que é percebido, uma tese ontológica. Essas duas formas de realismo não obtiveram muito sucesso nas modernas psicologias da percepção. Muito menos foram bem-sucedidas as teorias idealistas. Reduzir tudo ao papel desempenhado pela mente ou consciência, além de anticientífico, pode levar ao subjetivismo absoluto e ao solipsismo, quer dizer, ao diálogo consigo mesmo de um espírito solitário. As ontologias que mais prevaleceram na ciência e psicologia da percepção foram o materialismo e o dualismo entre matéria e mente.

O denominador comum, nas versões do materialismo, consiste em eliminar a mente ou consciência das descrições, assimilando a percepção aos fatos físicos. O que é entendido por "material" difere de uma tendência para a outra. Algumas teorias identificam a percepção com estados do cérebro, enquanto o behaviorismo a identifica com respostas. O que costuma dar suporte às teorias materialistas é o dualismo que equaciona as explicações físicas com a objetividade científica e a consciência com o subjetivo e inefável. Isso já se encontra, de um lado, no realismo representativo de Locke (a mente copia o mundo físico), de outro, no dualismo cartesiano entre a mente e a matéria.

Segundo Lombardo (1987, p. 318), daí se originou o realismo indireto que se constitui na filosofia da percepção mais influente no mundo moderno, visto que se trata de um realismo que consegue responder às críticas levantadas contra o realismo ingênuo e o realismo direto, sem sucumbir na subjetividade do idealismo, nem no extremo reducionismo do materialismo. As formas do realismo indireto envolvem o dualismo mente-matéria. Seus pressupostos mais comuns, embora não inteiramente consensuais, são:

a) O conteúdo ontológico da percepção identifica-se com uma mente ou cérebro autocontido, isolado e claramente distinto qualitativa e existencialmente de um mundo físico externo.
b) A percepção envolve um passo epistemológico que vai de um dado inicial até a percepção final, de algum modo envolvendo um passo construtivo mental-fisiológico.
c) A percepção é mediada por causalidade. Ela é um efeito de uma série de eventos distintos que se iniciam fora do percebedor.

Com isso, a percepção é ontológica, epistemológica e causativamente indireta. Embora haja uma grande variedade de realismos indiretos, conforme Lombardo (1987, p. 319), há conceitos-chave que distinguem cada uma das versões mais populares, a saber:

a) Realismo representacional: o conteúdo da percepção é distinto do mundo, mas, de certa forma, o copia (Descartes, Locke etc.).
b) Realismo crítico: embora não copie o mundo exterior, a percepção é o ponto de partida para o conhecimento do mundo (Feigl, 1967).
c) Construtivismo mental: para produzir percepção verídica ou significativa, um processo de organização psicológica é requerido (Berkeley, Helmholtz, Kant etc.).
d) Construtivismo fisiológico: para produzir percepção verídica ou significativa, um processo de organização fisiológica é requerido (Koffka etc.).
e) Tese do realismo identitário estrutural: a consciência perceptiva identifica-se ontologicamente com as qualidades intrínsecas dos estados do cérebro (Maxwell, 1968 etc.).

f) Emergência psicológica: as qualidades fenomênicas da consciência perceptiva emergem como características globais e irredutíveis de estados cerebrais (Sellars, 1965 etc.).

g) Noumenalismo kantiano: conteúdo e estrutura fenomênicos da percepção diferem da coisa em si, da qual nada pode ser dito.

As explanações anteriores evidenciam que a percepção interessa tanto à filosofia como à psicologia. Enquanto a primeira volta sua atenção para os fundamentos ontológicos e epistemológicos, a psicologia se preocupa mais com as explicações e descrições da percepção. O que as une, entretanto, é a crença em um sensório que é dado e que, na psicologia, identifica-se com as sensações (os tijolos básicos de uma construção) e, na filosofia, com as impressões ou dados sensórios (os elementos conceituais irredutíveis).

Panorama 2

A síntese que se segue pode ser considerada uma síntese da síntese, pois está baseada em uma síntese crítica elaborada por James J. Gibson, no segundo capítulo de seu livro *Perception of the Visual World* (1974, p. 12-25). Ao final desse capítulo, o autor nos apresenta, em dois ou três parágrafos, um resumo muito didático das principais ideias que foram desenvolvidas no capítulo. É por esse resumo que iniciarei meus comentários.

Diz Gibson (1974, p. 24): "Se tudo que percebemos nos chega mediante a estimulação de nossos órgãos sensoriais, e se, apesar disso, certas coisas não têm contraparte na estimulação, é necessário assumir que estas últimas são, de algum modo, sintetizadas. Como essa síntese ocorre, é o problema da percepção".

É evidente que Gibson parte aí de um axioma, provavelmente irrefutável, de que nossos órgãos sensoriais, ou seja, nossos sentidos, são meios pelos quais se estabelece a ponte entre o que está no mundo lá fora, ou, pelo menos, o que nos chega como estrangeiro, e o mundo que, na falta de um nome melhor, chamamos de mundo interior. Os órgãos sensoriais funcionam, consequentemente, como janelas abertas para o exterior. Nessa medida, esses órgãos são superfícies, passagens, capazes de explicar alguns dos fatores, os mais propriamente sensórios da percepção, mas não conseguem explicar por que toda percepção adiciona algo ao percebido, algo que não está lá fora, no mundo fenomênico, e que não faz parte, portanto, da estimulação. Nesse ponto, é a mente que entra em cena, pois é dela a tarefa da síntese, vem dela a elaboração daquilo que chamamos de compreensão ou significado tanto do que está lá fora quanto da estimulação que é produzida como efeito. A correspondência entre o resultado perceptivo e aquilo que o provoca não é, portanto, ponto a ponto. Há uma diferença, há um descompasso, ou melhor, algo se perde e algo se acrescenta. Isso que se acrescenta, especialmente, e que ocorre na passagem dos órgãos sensoriais para o cérebro por enquanto ainda não é observável ou mensurável. Aí se localiza, exatamente, a questão da percepção.

O problema está no que ocorre dentro do cérebro, ou então, para complicar um pouco mais as coisas, no que ocorre dentro da consciência, e não apenas naquilo que constitui em si o ato físico de perceber. As teorias sobre a percepção do espaço e dos objetos têm uma longa história. Desde o mundo grego, como foi considerado por Lombardo (1987), elas já se delinearam dentro de uma visão dualista que impera até hoje. Ou se coloca toda a ênfase no mundo exterior, e nós seríamos meros efeitos submetidos às forças que vêm de fora, ou se coloca toda a ênfase no agente psicológico, e o mundo lá fora é algo inerte, que aguarda nossa doação de sentido e vida, conforme foi postulado no paradigma cartesiano.

O paradoxo incluso na questão pode ser resumido da seguinte maneira: se há uma contribuição da mente, que acrescenta algo, no processo perceptivo, que não está presente no próprio fenômeno percebido, de onde provêm os dados para essa contribuição da mente e por que ela concorda tão bem com o meio exterior no qual nos movemos e atuamos? Se há algo de subjetivo, puramente mental, na percepção, por que são tão escassas as ocasiões em que somos guiados por percepções ilusórias? Em outras palavras: se existe uma contribuição da mente na percepção, por que o resultado perceptivo concorda tanto com o mundo exterior, pois, sem essa concordância, estaríamos privados de qualquer possibilidade de agir sobre o mundo?

Para responder a isso, ou melhor, para responder apenas à questão da origem da síntese mental, duas fortes correntes foram constituídas: a do nativismo e a do empirismo. Segundo o nativismo, a síntese é intuitiva ou inata, não pressupondo, portanto, o aprendizado. Para o empirismo, a síntese é inferida ou aprendida de situações anteriores. Saindo desse paradigma opositivo, a teoria gestáltica sugeriu que a síntese é produzida por uma realização característica do sistema nervoso central, que pode ser chamada de organização sensorial. Os psicólogos da gestalt realçaram o caráter espontâneo do processo da percepção, mas tinham consciência do problema criado pela postulação de uma espécie de correspondência entre a estimulação retiniana e nossa consciência das coisas. Eles postularam que há uma isomorfia entre o que existe na retina e o que acontece na mente, mas, evidentemente, não puderam provar essa correspondência.

Koffka, um dos principais representantes da escola gestáltica, falava de uma correspondência mais inclusiva entre o campo perceptivo total e o estímulo total, e dava a entender que essa correspondência se aclararia quando se conhecessem as leis da organização sensorial. Mas é preciso retroceder um pouco no tempo para que se possa avaliar melhor a importância exata da teoria da gestalt.

Segundo nos informa Gibson (1974, p. 12), no final do século XVII, os empiristas ingleses desenvolveram a teoria de que não há outra porta de entrada para o conhecimento humano a não ser a dos sentidos. Ou seja, nossas ideias são aprendidas e não implantadas na mente pela magia de alguma força divina. Em seu *Ensaio concernente ao entendimento humano* ([1690] 2008), J. Locke deu impulso à doutrina segundo a qual a mente, ao nascer, é como uma página em branco, uma *tabula rasa*, na qual a experiência vai registrando seus aprendizados. Se o conhecimento só pode existir a partir dos sentidos, então as capacidades sensoriais humanas deveriam ser investigadas cuidadosamente. É em função disso que se pode afirmar que as teorias da percepção nasceram com os empiristas ingleses, assim como foi graças a eles que Kant diz ter acordado de seu sonho dogmático.

Se a visão é o sentido mais importante, foi a ela que os estudiosos, a partir de então, começaram a dirigir suas investigações. A primeira dificuldade a ser enfrentada dizia respeito à óbvia disparidade entre a imagem retiniana, que é plana, chapada, e a percepção visual dos objetos do mundo, que é tridimensional. Disso se concluiu que só uma das duas alternativas a seguir pode ser verdadeira: ou o conhecimento do mundo não vem dos sentidos, ou o sentido visual, no caso, deve ser suplementado, de algum modo, pela mente. A segunda alternativa foi a escolhida pelos empiristas, e é ela que predomina até hoje. É a mente, portanto, que constrói o mundo, de acordo com um potencial que lhe é próprio, a partir de uma matéria bruta fornecida pelos sentidos. O potencial, que é próprio da mente, diziam os empiristas, é a capacidade associativa e inferencial. Como resultado, a visão aceita até hoje é a de que os sentidos desempenham um papel substancial na percepção, mas os resultados de seu processo não são nunca determinados apenas pelo estímulo físico. Entretanto, qual é exatamente o papel desempenhado pela mente? Eis aí a questão.

A oposição entre as correntes nativistas e as empiristas nunca residiu na aceitação ou não de que há sensações, isto é, dados que nos vêm dos sentidos. O desacordo se apresenta no entendimento da fonte mental da percepção, se ela é uma questão de aprendizado ou de intuição. Os adeptos do aprendizado são herdeiros dos empiristas, os da intuição, do cartesianismo. Há ainda um desacordo adicional entre eles sobre o que é recebido pelos sentidos, o que é sensação, e o que é produzido pela percepção. Esse desacordo se expressa, por exemplo, em relação aos constituintes do espaço, tais como extensão, forma, profundidade, distância, tridimensionalidade etc.

A grande novidade, nesse estado de coisas, foi introduzida pela gestalt. Sua primeira pergunta, por exemplo, que ainda não havia sido enfrentada satisfatoriamente por nenhuma teoria, dirigia-se para algo aparentemente elementar, mas difícil de ser respondido. Como nós podemos ver as formas? Em vez de postular que a qualidade da forma é algo que se acrescenta a uma soma de sensações, a gestalt postulou que a forma não é, de modo algum, composta de unidades de sensações. As formas parecem ocorrer espontaneamente na percepção, através de uma organização sensória relativamente espontânea.

> Assumiu-se que o processo de organização ocorre no cérebro, presumivelmente no córtex, sendo concebido como um processo num campo, análogo ao campo visual ele mesmo, e sendo as partes do campo (o contorno da forma e seu fundo) unidas ou separadas por forças de atração si-

milares a forças eletromagnéticas. Uma forma percebida, nesta teoria, é uma forma cerebral. As imagens retinianas produzem excitações isoladas. Apenas quando são projetadas no córtex é que o campo de forças começa a operar entre elas e, apenas então, elas se unem numa gestalt. As causas da organização sensorial devem ser buscadas naquilo que é, por vezes, chamado de teoria de campo. (Gibson, 1974, p. 22-23)

As questões colocadas pela gestalt diferiram radicalmente das indagações relativas a pontos e linhas dos psicólogos do século XIX. Foram questões relativas ao mundo visual. A grande dificuldade está em encontrar respostas nos processos hipotéticos de organização sensorial por eles postulados, além do problema da correspondência entre o campo perceptivo total e a estimulação total, tal como foi colocada por Koffka. O livro de Gibson, que estou aqui citando, assim como toda a obra posterior dele, que, aliás, fez escola, foi uma tentativa de tornar essa correspondência compreensível.

Panorama 3

Em um dos artigos do livro *The perception of pictures* (1980), a editora do volume, Margaret Hagen, ex-discípula de Gibson, em artigo de sua autoria, elaborou uma síntese das teorias da percepção no século XX, retomando, desse modo, o fio da meada exatamente no ponto em que Gibson a deixara no capítulo 2 de seu livro, sintetizado anteriormente.

Para Hagen, todas as escolas contemporâneas da percepção podem ser reduzidas a três grandes escolas ou correntes, que ela assim nomeia: a dos construtivistas, a dos gestaltistas e a dos gibsonianos. Para os construtivistas, a percepção consiste em acrescentar significado por correlação ou associação ao estímulo visual, em constante variação e essencialmente desestruturado, por meio de um processo de inferência probabilística. Os construtivistas são assim denominados porque, para eles, é a mente que constrói e elabora as formas, uma vez que o estímulo é essencialmente desestruturado. Entre os construtivistas, ou como o grande construtivista, Hagen indica Ernst Gombrich.

A descrição que Hagen nos dá dos gestaltistas não difere muito daquela que se encontra acima, o que torna desnecessário repeti-la. Vale a pena, no entanto, apontar para a diferença que ela estabelece entre os construtivistas e os gestaltistas. Enquanto os primeiros acreditam numa organização por correlação ou associação, os segundos concebem a percepção como fruto de uma organização mental, num processo de inferência determinista. Os gestaltistas não aceitam a teoria construtivista, porque estes ainda se fundamentam no fato de que os perceptos são formados de sensações elementares e imodificáveis. Os perceptos são, para eles, átomos de sensação, o que permite que eles sejam decompostos em suas partes componentes. É nesse ponto que os gestaltistas negam a teoria construtivista, afirmando que o todo é maior do que a soma de suas partes. A sensação não é atomizada. Esse foi o grande salto da gestalt. Eles postularam que, na própria estimulação sensória, já há uma síntese, de modo que o estímulo não explica esse todo. Se somarmos todos os estímulos que recebemos do mundo, o resultado será maior do que essa soma. Alguma coisa existe da qual a soma não dá conta.

Embora todo o capítulo 2 deste livro seja dedicado a Gibson, seguirei, na súmula abaixo, a explanação de Hagen, com a finalidade de ser fiel à apresentação daquelas que, segundo a autora, são as três principais teorias da percepção na atualidade.

Os gibsonianos alegam que a percepção consiste em captar estruturas significativas na luz, através de um processo de inferência determinada. A luz tem certas invariâncias – gradientes – e é nisso que Gibson se concentrou. Suas pesquisas estavam voltadas para aplicações empíricas. Foram contratadas pelo serviço de aviação com o objetivo de estudar a percepção da distância em movimento no pouso dos aviões. Gibson se fixou na determinação das invariantes da luz para o olho; invariantes específicas que explicam as propriedades persistentes do ambiente. Daí sua teoria ser chamada de teoria ecológica da percepção. As estruturas invariantes não podem existir, exceto em relação às variantes. Segundo Gibson, variância e invariância são recíprocas e a variância inclui não apenas qualquer variação momentânea, como também o fluxo óptico causado pela locomoção e mudança de iluminação.

A partir dessas três teorias que fundaram as três escolas contemporâneas da percepção, Hagen propõe fundar uma quarta linha de investigação, por ela batizada de teoria gerativa da percepção. Esta considera, assim como a teoria ecológica, que a aparência momentânea e a invariante estão em igualdade de condições, sustentando que os componentes variantes e invariantes existem em um campo comum de geometria projetiva. Na percepção visual, a geometria projetiva para um observador, num campo estacionário, é dada pelo que Gibson chamava de perspectiva natural. Esta é a análise angular sólida da estrutura da luz que chega aos olhos e inclui componentes familiares, tais como variações de tamanho, do ângulo e da distância do ponto de vista.

Segue-se daí que uma teoria compreensiva da percepção visual deveria consistir de três componentes inter-relacionados, a saber:

a) habilidade para captar as invariantes, sem forma e sem tempo, que especificam as propriedades permanentes dos objetos e dos eventos;
b) habilidade para se dar conta, e mesmo gerar, as aparências perspectivas momentâneas dos objetos e eventos que especificam as propriedades variantes;
c) a atenção à regra ou ao gerador desses aspectos variantes e invariantes, que operam como uma conjunção das propriedades permanentes do objeto e das transformações geométricas pelas quais ele pode passar. A família inteira das visões de perspectivas possíveis de um objeto é gerada por regra, como uma informação invariante do objeto persistente através de seus membros. Cada aspecto encontra-se disponível ao observador, assim como a regra gerativa que os governa.

Como se pode ver, as escolas contemporâneas da percepção estão cada vez mais se especializando e se centralizando nas questões da visualidade, o que permite que suas pesquisas incluam métodos de experimento e observação. Embora existam nelas vínculos com questões mais propriamente filosóficas, tais vínculos são remotos, ou seja, podem ser percebidos apenas nos pressupostos dessas teorias e apenas por alguém que esteja filosoficamente atento a eles.

As correntes filosóficas, digamos, o empirismo, o idealismo, ao contrário, lidam com os pressupostos, mas não fazem a ligação com o mundo vivido em que nos movemos, agimos, enfim, com o mundo onde nos inserimos como seres que percebem com as características que esse ato de perceber nos oferece.

Comentários

As três teorias da percepção que escolhi para compor este livro e que serão expostas com mais demora nos capítulos a seguir – a teoria fenomenológica de Merleau-Ponty, a teoria ecológica de Gibson e a teoria semiótica de Peirce – quando vistas em conjunto, criam um bom equilíbrio entre uma teoria fortemente calcada em reflexões filosóficas, uma teoria baseada em pesquisas empíricas e uma teoria semiótica voltada para a análise dos movimentos lógicos da dinâmica perceptiva.

Penso que a teoria da percepção peirceana tem o papel de estabelecer a ponte necessária entre as pesquisas mais empíricas e os fundamentos filosóficos. Isso só lhe foi possível porque ele foi o primeiro filósofo, também lógico e cientista, a trabalhar diretamente sobre a ponte entre os fundamentos e a empiria, ponte esta que, para Peirce, só pode ser encontrada na mediação dos signos. Naquilo que diz respeito especificamente à percepção, essa afirmação soa ainda mais provavelmente verdadeira, visto que são os signos, é a linguagem a única e magna forma de síntese de que dispomos para a ligação entre o exterior e o interior, entre o mundo lá fora e o que se passa dentro deste mundo interior que, segundo Peirce, nós egoisticamente chamamos de nosso.

Foram os signos, que podem ser traduzidos como processos de mediação, e principalmente sua compreensão da percepção também como um processo de semiose – aquela semiose responsável pela fricção da sensorialidade e da mente humana com o mundo lá fora – que permitiram a Peirce superar o imemorial esquema dualista que ainda hoje impera em muitas teorias da percepção, tanto as que lidam apenas com fundamentos como as que lidam com processos mais empíricos.

Embora a teoria da percepção peirceana seja, de fato, muito original, pois se trata de uma teoria triádica em oposição à grande maioria dos tratamentos diádicos da percepção, ela é uma teoria puramente lógica e bastante esquemática. Certamente, esse esquematismo, quase diagramático, é capaz de evidenciar o movimento lógico das operações perceptivas.

Entretanto, falta carne ao esqueleto lógico. Em função disso, busquei os complementos necessários a esse esqueleto em teorias que não são epistemologicamente incompatíveis com a teoria peirceana: a fenomenologia da percepção de Merleau-Ponty e a teoria ecológica da percepção de James J. Gibson.

Não resta dúvida de que as genealogias intelectuais desses autores são profundamente distintas. Entretanto, há pontos de contato entre eles, especialmente no fato de que ambos, Merleau-Ponty e Gibson, cada um a seu modo, tanto quanto Peirce, colocaram-se frontalmente contra quaisquer versões dualistas da percepção, assim como recusaram pressupostos metafísicos para dar conta da questão. As ontologias e epistemologias peirciana e jamesiana são nitidamente realistas, evidentemente com distinções bem marcadas, e a fenomenologia de Merleau-Ponty, já com embriões ontológicos, o protege até certo ponto dos escorregões idealistas. Além disso, cada uma dessas teorias resolve, até certo ponto e a seu modo, os impasses enunciados anteriormente. Com isso, considero justificada a aproximação dessas teorias, especialmente porque a justaposição das três parece fazer avançar o nosso conhecimento sobre a percepção. É esse avanço que realmente importa e não as escolas em que os autores costumam ser alocados.

Não estou advogando uma similaridade entre essas teorias. Ao contrário. O que este livro defende é que elas são complementares. Seriam até comparáveis. Mas não é isso que vem ao caso. Cada uma delas explora uma das facetas da percepção: os interstícios do corpo com o mundo sob um prisma fenomenológico; a fundação de uma ecologia da percepção; o mundo lá fora, que se oferta à percepção, tem peculiaridades as quais precisam ser exploradas; por fim, a fina urdidura dos processos sensórios e mentais constitui-se no terceiro membro do complexo tronco da percepção. Mas essa questão dos três membros só poderá ficar clara ao fim do livro, de modo que o leitor terá de segurar sua curiosidade até o final.

Ao fim e ao cabo, as três teorias foram por mim escolhidas não apenas porque se complementam, mas também porque assim o fazem na medida em que as considero entre as mais poderosas teorias da percepção que já surgiram. Só espero que o livro funcione como um argumento suficiente para levar o leitor a concordar com a plausibilidade dessa premissa.

Capítulo 1

Teoria da percepção em primeira pessoa

Embora sempre intelectualmente prazerosa, não é tarefa fácil a leitura e compreensão da *Fenomenologia da percepção* ([1945] 1994), obra magna do filósofo francês Maurice Merleau-Ponty. Antes de tudo, o texto está alicerçado em um conhecimento íntimo do pensamento de Descartes, Kant, Husserl, Heidegger e Sartre, o que pressupõe que o leitor não seja um leigo em filosofia. Para continuar, a teoria de Merleau-Ponty é construída nos entremeios da desconstrução crítica de alguns dos fundamentos filosóficos e das teorias da percepção que lhe servem de referência. Essas desconstruções são, via de regra, minuciosas e, muitas vezes, só a atenção muito rente ao texto torna possível distinguir a posição própria ao autor daquelas que ele está criticando.

Além disso, o estilo de Merleau-Ponty é densamente poético, com passagens até extasiantes, de mergulho nas zonas mais sensíveis de nossa existência. Um estilo que faz jus à tese, defendida pelo autor, da ambiguidade radical de nosso estar no mundo. Não se pode esperar desse texto, portanto, um tratado didático, sistematizado de acordo com os preceitos e protocolos da ciência dita objetiva, justo um dos aspectos que Merleau-Ponty mais critica em prol da construção de uma fenomenologia da percepção concebida nos interstícios do corpo vivo com a pulsação do mundo que, mais tarde, ele chamaria de carne do mundo.

Se a leitura e a compreensão dessa obra já colocam esses problemas, o que se pode dizer da tentativa proposta neste capítulo de sintetizar a fenomenologia da percepção em poucas dezenas de páginas? Bem mais modesta do que uma exegese da obra, o que se pretende aqui é passar ao leitor uma súmula que possa funcionar como um convite de retorno ao texto do autor, assim como, no contexto do presente livro, que possa cumprir o papel de evidenciar uma faceta, um desdobramento da percepção que não foi desenvolvido por nenhum outro autor, constituindo-se em território conquistado por Merleau-Ponty, e só por ele.

O caminho escolhido para essa súmula, que me pareceu mais apropriado, é o de seguir *pari passu* os capítulos do livro, buscando extrair como cada parte contribui para a constituição do todo. Antes disso, aparecem a seguir alguns comentários sobre os filósofos que, no seu prefácio, Merleau-Ponty escolheu como interlocutores.

Antes disso, é preciso esclarecer que o título dado a este capítulo, "Fenomenologia da percepção em primeira pessoa", não pretende sugerir que a experiência pré-objetiva explorada por M-P se reduza ao registro de processos psicológicos, a uma mera compilação de impressões subjetivas, como alguns de seus críticos indicaram (ver, por exemplo, a parte final de *O primado da percepção e suas consequências filosóficas*, M-P [1946] 1990). Várias vezes em sua carreira, M-P afirmou que seu livro não era um tratado de psicologia.

O título escolhido também não quer dar à expressão "primeira pessoa" o significado de uma doutrina solipsista. Sobre isso M-P foi igualmente peremptório ao tratar a percepção como uma "habilidade natural cujos padrões de funcionamento, em princípio, valeriam para *todos os sujeitos humanos de igual constituição corporal*, independentemente da diversidade cultural, uma habilidade que ligaria todos esses sujeitos a um mundo único e partilhável". Assim, o corpo encarnado de que a percepção trata não é um corpo individual, mas um "conjunto de operações anônimas *universalmente* partilhadas por todos os humanos de mesma constituição psicofisiológica. [...] As experiências sensíveis não implicam *privacidade* e já são organizadas como um campo intersubjetivamente partilhável" (Ferraz, 2009, p. 44, 62).

Por que, então, a escolha desse título para a apresentação e comentário da *Fenomenologia da percepção*? Pelo simples fato de que o livro é, indiscutivelmente, escrito por inteiro em primeira pessoa, uma estratégia de estilo capaz de levar cada um de seus leitores ao mergulho, por vezes inebriante, nas zonas nascentes do pré-reflexivo.

Antecedentes filosóficos

Esta breve introdução tem por finalidade apresentar os principais aspectos do pensamento de alguns filósofos tomados como referência tanto no prefácio como no decorrer dos capítulos da *Fenomenologia da percepção*. Essas referências são sempre críticas. Merleau-Ponty (M-P) as coloca em discussão para evidenciar a diferença radical do ponto de partida de sua fenomenologia. Tanto quanto possível, os comentários a seguir estarão rentes ao texto de M-P, pois aqui não caberia de modo algum tergiversar, uma vez que o autor vai tecendo seu ponto de vista nas oposições que ele mesmo estabelece com os outros filósofos.

Segundo M-P, a pergunta sobre o que é a fenomenologia ainda fazia sentido, meio século depois dos primeiros trabalhos de Husserl, porque a questão ainda estava longe de ser resolvida. Para uma filosofia que começa na fenomenologia, o mundo já está ali, "antes da reflexão, como uma presença inalienável, e cujo esforço todo consiste em reencontrar esse contato ingênuo com o mundo, para dar-lhe, enfim, um estatuto filosófico" (M-P, 1994, p. 1). Trata-se de um movimento distinto do retorno idealista à consciência.

Descartes e, sobretudo, Kant desligaram o sujeito ou a consciência, fazendo ver que eu não poderia apreender alguma coisa como existente se primeiramente eu não me experimentasse existente no ato de apreendê-la; eles fizeram aparecer a consciência, a absoluta certeza de mim para mim, como a condição sem a qual não haveria absolutamente nada, e o ato de ligação como o fundamento do ligado. (M-P, 1994, p. 4)

A censura de Husserl a Kant deve-se ao "psicologismo das faculdades da alma" empreendido por Kant. Por isso, o primeiro opôs "a uma análise *noética*, que faz o mundo repousar na atividade sintética do sujeito, a sua *reflexão noemática*, que reside no objeto e explicita sua unidade primordial em lugar de engendrá-la" (M-P, 1994, p. 5).

A fenomenologia, para Husserl, estuda as estruturas essenciais da consciência pura, tais como elas se revelam na experiência ela mesma. A pura consciência engloba tudo que está imediatamente dado na experiência, tal como é dado. Não são permitidas pela fenomenologia nem referências explícitas, nem crenças assumidas sobre objetos, fatos, propriedades ou leis que, de algum modo, transcendem a consciência. A redução fenomenológica é um recurso utilizado para separar todas as conexões naturalistas entre a pura consciência, de um lado, e o mundo, de outro. A característica mais fundamental e problemática da experiência é o significado. Isso é o que a investigação fenomenológica revela (Bell, 1994, p. 1621).

Na síntese formulada por Langer (1989, p. xiii), a esfera aberta pela redução fenomenológica de Husserl consiste de estruturas fundamentais da consciência reduzidas a essências, quer dizer, a significados universais, absolutamente necessários, constituídos pelo ego transcendental. Cabe à fenomenologia a descrição dessas essências no modo como elas aparecem à intuição intelectual do fenomenólogo que adotou uma posição neutra sobre o estatuto do mundo exterior. A redução se baseia na *époche*, que significa a suspensão de qualquer julgamento referente ao estatuto dos objetos da consciência. Esse é o método praticado por Husserl para retornar à consciência como região do conhecimento absolutamente certo. A tarefa da fenomenologia é examinar os pressupostos positivos e objetivos da ciência e descrever o papel constitutivo do ego transcendental.

Entretanto, mais para o final da vida, quando escreveu seu livro *Die Krisis der europäischen Wissenschaften und die transzendentale Phänomenologie* (1936), Husserl passou a questionar o ego transcendental como aparentemente vazio de conteúdo ante a constatação de que a reflexão fenomenológica se dá no tempo, de que o tempo vivido da subjetividade é o tempo de todos os atos da consciência, atos que se desenrolam no tempo. Ademais, muitas das condições e estruturas de que o significado depende não estão no interior de uma consciência individual. Ao contrário, ele engloba o pano de fundo das práticas herdadas, dos pressupostos, critérios e hábitos. Isso implica um novo caminho para a fenomenologia de retorno ao mundo da vida (*Lebenswelt*) como um fundamento pré-dado de todas as atividades práticas e reflexivas. No coração do mundo da vida encontra-se a percepção.

A redução e o idealismo transcendentais não foram absorvidos por nenhum dos seguidores de Husserl. Para Heidegger, a redução implica que

> aquilo que se oferece à atividade transcendental, enquanto atividade espontânea, já é de algum modo categorialmente enformado. A atividade transcendental tem, então, como pressuposto formas já elaboradas no nível pré-lógico. [...] Ora, nesse nível, torna-se difícil identificar aquela atividade espontânea e é esse pressuposto que vai impondo a Husserl o alargamento da noção de intencionalidade. (Moutinho, 2010, p. 485)

Ademais, a redução fenomenológica não cabe na ontologia fundamental de Heidegger, no seu questionamento do Ser enquanto Ser. Tal como pensada por Husserl, a redução também não foi o método de eleição de M-P, pois pressupõe o abandono da atitude natural no momento mesmo em que exige que se coloque o mundo entre parênteses. Segundo M-P, os estratos mais baixos do que o dos juízos predicativos faz surgir um antepredicativo que não se reduz mais,

> por maiores que sejam os esforços, por mais profundas que sejam as reduções, a uma atividade do sujeito – ainda que se tratasse de uma atividade escondida, profunda, oculta, mas atividade. Haverá, então, por isso mesmo, uma passividade da atividade, uma opacidade, um fundo, de que nenhuma tarefa de constituição poderá dar conta. É essa opacidade, essa "sombra" do filósofo que Merleau-Ponty explora. Daí o recuo ao mundo – ou melhor, à percepção. A verdadeira redução é aquela que vai até esse mundo categorialmente enformado, antepredicativo, pré-constituído. (Moutinho, 2010, p. 486)

Rejeitando, portanto, as essências universais abstratas e o ego transcendental de Husserl, M-P seguiu o caminho aberto pelo último Husserl, colocando a ênfase na percepção. Entretanto, para M-P, seu predecessor apontou o caminho do mundo da vida, sem apreciar sua significância: a intencionalidade da consciência é, sobretudo, a intencionalidade do corpo. Retomar a integração do *Lebenswelt* no fluxo de nossa existência, um fluxo que tem o mundo como pano de fundo, "não pode ser identificado como uma espécie de regressão, mas como uma vertigem, uma desorientação, um desequilíbrio momentâneo que nos revelam o mundo em sua originalidade como podendo ser outra coisa para além daquilo que nós sabemos que ele é" (Pardelha, 2007, p. 2).

Distinta tanto do sensualismo, de um lado, quanto do idealismo transcendental, de outro, na perspectiva de M-P a redução fenomenológica é uma resolução de fazer "o mundo aparecer tal como ele é, antes de qualquer retorno sobre nós mesmos" de modo a igualar a reflexão à vida irrefletida da consciência (M-P, 1994, p. 13). Pela redução, chegamos ao conceito de intencionalidade. Que a consciência é a consciência de algo não é novo. O que é novo é reconhecer "a consciência como projeto do mundo, destinada a um mundo que ela não abarca nem possui, mas em direção ao qual ela não cessa de se dirigir (M-P, 1994, p. 15).

Também distinto de Heidegger, M-P parte da perspectiva de que o ser é o ser do fenômeno. Este aparece de tal modo que não pode ser tomado como objeto de tematização. Daí sua recusa de superar o mundo da experiência a fim de determinar seu ser, pois a diferença entre o Ser e o ente nunca poderá ser absoluta (Barbaras apud Moutinho, 2010, p. 485).

Em suma, nossa experiência não é um processo determinado mecanicamente, nem uma construção puramente fortuita. Nossas relações com o mundo estão subsumidas por um pano de fundo primordial que não pode jamais se tornar inteiramente explícito.

> A percepção se apresenta como uma abertura primordial a uma existência exterior, como uma espécie de comunicação íntima, uma comunhão entre nós e aquilo que as coisas nos revelam sobre si mesmas, daí que Merleau-Ponty nos diga que na percepção a coisa nos é dada em "carne e osso" e que a unidade da coisa encontra uma resposta na unidade estrutural do nosso próprio corpo. Enquanto o meu olhar se passeia desinteressadamente, numa "quase" coincidência com o mundo, este mostra-se na sua materialidade e efetivamente estou em potência de vê-lo naquilo que ele me revela dos seus horizontes interiores e exteriores. No entanto, não o vejo e nunca poderei vê-lo por inteiro, pois no instante mesmo em que o meu olhar se põe a ver e à medida que o meu ato de fixação se intensifica, a opacidade primeira com que o mundo se me revela repele-o. (Pardelha, 2007, p. 5)

Vejamos isso em detalhes na esteira de M-P.

Os preconceitos clássicos e o retorno ao fenômeno

Sensação

Nos estudos clássicos da percepção, de teor analítico, a sensação é tomada como elemento primário da percepção que se constitui de uma soma de sensações. Os sentidos que são dados à sensação podem variar, mas acabam por convergir para uma impressão que é produzida em um sujeito. Ora, fechada no sujeito, a sensação é destituída de significado e desligada de nossa experiência vivida. Esta, não importa quão elementar possa ser, está sempre carregada de significado.

Outras teorias clássicas, buscando superar esse problema, encontraram os tijolos da construção perceptiva na noção de uma qualidade determinada como propriedade do objeto percebido. Nesse caso, o vermelho, por exemplo, não é mais uma impressão produzida em um sujeito, mas uma qualidade de algo externo ao percebedor. Desse modo, o mundo é concebido como algo em-si. A experiência perceptiva consiste de elementos isolados que são, em si mesmos, claros e determinados. Tal concepção não significa outra coisa senão saltar do extremo subjetivismo e indeterminação anterior ao outro extremo objetivista e determinado.

Diante disso, o argumento de M-P é que tudo aquilo que é percebido, por sua própria natureza, está prenhe de ambiguidade e pertence a um contexto, um campo, que lhe dá forma. Portanto, devem ser rejeitadas tanto a decomposição da percepção em sensações quanto a crença, tão acalentada por todas as ciências e também pelo senso comum, de um mundo em si. Em lugar disso, devemos retomar o reino pré-objetivo se queremos compreender o que é sentir, tocar, ver, ouvir...

Associação e projeção de memórias

Os empiricistas apelam para o associacionismo e para a projeção das memórias de modo a suprir a falta de significado dos átomos de sensações. Entretanto, essas operações reclamam por uma consciência com a qual os empiricistas não sabem lidar, além de pressuporem aquilo mesmo que devem explicar.

Para M-P, "não há forças associativas que operam de modo autônomo como uma causa eficiente da experiência. Quanto à projeção de memórias, esta só obscurece "o sentido imanente da experiência imediata e a maneira como o passado está presente nela". Aquilo que é percebido não se confunde com um conglomerado de sensações e memórias. O retorno ao fenômeno nos leva a descobrir "um todo já pregnante com um significado irredutível" (Langer, 1989, p. 8). O que precisa ser explicado é como uma experiência imanente, presente a qualquer momento, tem acesso a um passado que a envolve. O passado como um horizonte, ou atmosfera, ou campo em vez de uma coleção de impressões ou qualidades.

> Perceber não é experimentar um sem número de impressões que trariam consigo recordações capazes de completá-las, é ver jorrar de uma constelação de dados um sentido imanente sem o qual nenhum apelo às recordações seria possível. Recordar-se não é trazer ao olhar da consciência um quadro do passado subsistente em si, é enveredar no horizonte do passado e pouco a pouco desenvolver suas perspectivas encarnadas, até que as experiências que ele resume sejam como que vividas novamente em seu lugar temporal. Perceber não é recordar-se. (M-P, 1994, p. 48)

Àqueles que estão presos em uma visão objetivista, os átomos físicos, psicológicos ou intelectuais podem parecer bem mais reais do que o fenômeno da experiência. Para o fenomenólogo, contudo, nossa experiência é a corte de apelo última. A proposta de M-P, portanto, é considerar a percepção como o primeiro acesso que temos às coisas e como fundamento de todo conhecimento.

Atenção e julgamento

De acordo com os empiricistas, os órgãos dos sentidos são estimulados a receber e transmitir dados que são, de alguma maneira, decodificados pelo cérebro de modo a reproduzir uma imagem do estímulo externo original. Essa teoria implica a hipótese da constância, segundo a qual há, em princípio, uma correspondência ponto a ponto e uma conexão constante entre o estímulo e a percepção elementar. Como dar conta, no entanto, das discrepâncias entre a aparência e o real, discrepâncias que desmontam a noção do dado sensorial como efeito imediato de um estímulo externo?

Para dar conta da ausência de correspondência entre o estímulo e o percepto, invoca-se a atenção. É a falta desta que distorce as impressões normais, pois a tarefa da atenção é iluminar a sensação. Contudo, uma vez que o empiricismo só dispõe de relações externas, tanto como o fenômeno da consciência, a atenção também resta inexplicável.

Buscando encontrar inteligibilidade para essas questões, a psicologia voltou-se para o intelectualismo. Assim, a atividade constitutiva da consciência cria a estrutura daquilo que percebemos. Não há, portanto, o que explorar e o que aprender na percepção. Mais uma vez a atenção apenas ilumina o que já está presente. Quando se pergunta sobre o que é dado antes que a atividade estruturante da consciência entre em cena, a resposta é o caos ou o *noumenon* kantiano. Pois bem, se a consciência produz estruturas, ela deve possuí-las. Como explicar que ela possa se enganar? A atenção parece desnecessária e a ilusão desafia as explicações. Tanto o empiricismo como o intelectualismo são incapazes de dar um papel para a atenção. Dada a hipótese da constância, algo é necessário para conectar as qualidades isoladas que se imprimem sobre os órgãos dos sentidos de modo a produzir a imagem de um objeto em lugar de um monte de pontos discretos. É nesse momento que as explicações recorrem à faculdade de julgamento. Esta não apenas coordena tais funções como também pode explicar o problema das ilusões e das discrepâncias. Com isso, todavia, sentir e julgar se confundem, o que vai contra nossa experiência real. Tais teorias se mostram incapazes de penetrar no núcleo vivo da percepção, justo aquilo que M-P está buscando.

> A percepção do corpo próprio e a percepção externa [...] oferecem-nos o exemplo de uma consciência *não tética*, quer dizer, de uma consciência que não possui a plena determinação de seus objetos, a de uma *lógica vivida* que não dá conta de si mesma e a de uma *significação imanente* que não é para si clara e se conhece apenas pela experiência de certos signos naturais. (M-P, 1994, p. 81)

Portanto, não vamos muito longe se, como Kant, lançamos mão das condições de possibilidade da percepção, ou se, como o primeiro Husserl, nos voltamos para as essências abstratas do perceber, pensar e julgar. Ao fim e ao cabo, todas essas visões repousam na crença dogmática em um universo determinado e em uma verdade absoluta herdada de Descartes. A reflexão fenomenológica, ao contrário, deve elucidar as origens perceptivas da nossa experiência real.

O campo fenomenal

Ao fazer das sensações a mera possessão de qualidades inertes, o empiricismo reduz nosso corpo a um mecanismo. Isso nos leva a perder a vitalidade do sentir e o significado pré-reflexivo primordial que o mundo nos apresenta como sujeitos encarnados que somos. É preciso, portanto, reconsiderar a natureza do sentir em sua comunicação vital com o mundo.

> O problema é compreender [as] relações singulares que se tecem entre as partes da paisagem ou entre a paisagem e mim enquanto sujeito encarnado, e pelas quais um objeto percebido pode concentrar em si toda uma cena, ou tornar-se a imago de todo um segmento de vida. O sentir é esta comunicação vital com o mundo que o torna presente como lugar familiar de nossa vida. É a ele que o objeto percebido e o sujeito que percebe devem sua espessura. Ele é o tecido intencional que o esforço do conhecimento procurará decompor. (M-P, 1994, p. 84)

Contra a ideia de um mundo que se descortina como um espetáculo ante sujeitos descorporificados, M-P chama de "campo fenomênico" o domínio ambíguo em que sujeitos encarnados e em perspectiva estão localizados.

De modo geral, para a ciência, a percepção é vista como porta de acesso ao conhecimento. Para isso, a experiência perceptiva em si é obliterada em favor de constructos teóricos de corpos puros dotados de propriedades químicas determinadas estatisticamente: corpos vivos reduzidos a algo sem interior. Mas "o organismo, por sua vez, opõe à análise físico-química não as dificuldades de fato de um objeto complexo, mas a dificuldade de princípio de um ser significativo" (M-P, 1994, p. 89).

Divorciados de quaisquer relações com os objetos e com o perspectivismo, com a ambiguidade e a indeterminação do percebedor, espaço, tempo e eventos reduzem-se a condições físicas determináveis. Com isso, a subjetividade humana também se vê reduzida a uma consciência desencarnada inspecionando o mundo. Diante do colapso da percepção e da intersubjetividade, o solipsismo é inevitável. Urge, portanto, reacordar a percepção e redescobrir o fenômeno. A isso M-P chama de "primeiro ato filosófico". Este significa

> retornar ao mundo vivido aquém do mundo objetivo já que é nele que poderemos compreender tanto o direito quanto os limites do mundo objetivo, restituir à coisa sua fisionomia concreta, aos organismos sua maneira própria de tratar o mundo, à subjetividade sua inerência histórica, reencontrar os fenômenos, a camada de experiência viva através da qual primeiramente o outro e as coisas nos são dados, o sistema "Eu-Outro-As coisas" no estado nascente, despertar a percepção e desfazer a astúcia pela qual ela se deixa esquecer enquanto fato e enquanto percepção, em benefício do objeto que nos entrega e da tradição racional que funda. (M-P, 1994, p. 90)

Retorno ao fenômeno não significa cair na psicologia introspectiva e no intuicionismo. Os fenômenos não são estados de consciência, nem o campo fenomênico, um mundo interior acessível a um sujeito solitário. A posição de M-P não se confunde com a dos psicólogos que, ao se distanciar da análise da experiência em termos de objetos físicos, ainda mantêm o pressuposto de um mundo objetivo e, com isso, a dicotomia entre um mundo exterior, de fatos físicos, e um mundo interior, de fatos psíquicos, acessíveis por um ato de intuição privado e não comunicável.

> Se fosse possível uma consciência constituinte universal, a opacidade do fato desapareceria. Portanto, se queremos que a reflexão conserve os caracteres descritivos do objeto ao qual ela se dirige e o compreenda verdadeiramente, não devemos considerá-la como um simples retorno a uma razão universal, realizá-la antecipadamente no irrefletido, devemos considerá-la como uma operação criadora que participa da mesma facticidade do irrefletido. É por isso que a fenomenologia é a única entre todas as filosofias a falar de um *campo* transcendental. (M-P, 1994, p. 95)

Retornar à fenomenologia, portanto, é restaurar a experiência viva da intersubjetividade e criticar a hipótese da constância significa renegar não apenas a atomização das sensações como também a teoria da consciência baseada nela. Longe de ser um átomo sem significado da vida psíquica, o imediato é um todo saturado de significação imanente. Rejeitando a noção da consciência como uma entidade psíquica encapsulada em um corpo-máquina, o corpo deixa de ser uma barreira à consciência para ser aquilo que torna os outros imediatamente presentes a nós na experiência vivida (Langer, 1989, p. 19).

Embora a gestalt tenha avançado em relação à psicologia introspectiva, e apesar de M-P ter confessadamente sofrido grandes influências da gestalt, ele nela critica não só a tendência a tratar a consciência como um conjunto de formas, mas também a sua adesão ao ideal de uma psicologia explanatória. A aceitação acrítica da gestalt pode levar às distorções da filosofia clássica transcendental. A primazia dos fenômenos postulada pelos psicólogos os leva a considerar tais fenômenos elementos de um mundo objetivo.

Mais um passo e vem a postulação de um agente constituinte universal, um solitário ego pensante que transforma ele mesmo o campo fenomênico em um campo transcendental. A experiência pré-reflexiva perde, assim, sua facticidade para se tornar a simples antecipação de uma reflexão autotransparente. Desse modo, o mundo, o outro e nós mesmos, tudo é sugado pela Razão hegeliana, quando o dogmatismo do idealismo substitui o dogmatismo do empiricismo. Mesmo o último Husserl apresenta essa absorção do mundo vivido pelo ego transcendental (Langer, 1989, p. 19).

A fenomenologia proposta por M-P não estuda a atualização de uma razão preexistente, nem as condições de possibilidade de um mundo, mas sim o aparecimento do ser à consciência, enfatizando, com a designação de "campo", a irredutibilidade do mundo e o perspectivismo da reflexão, ou seja, a reflexão de um indivíduo condicionado por sua situação concreta no mundo.

O corpo

O corpo como objeto e a fisiologia mecanicista

O pensamento objetivo pode tomar a forma do realismo, o que, para M-P, é equivalente ao empiricismo, ou a forma do idealismo, equivalente ao intelectualismo. Só a descrição da emergência do ser pode revelar o objetivismo como mero momento da experiência e não seu fundamento. A percepção sempre nos dirige para os objetos de modo tão espontâneo que tendemos a esquecer o fato de que sua fonte encontra-se no centro de nossa experiência. Eles se tornam objetos para nós, sujeitos encarnados. Para não hipertrofiar o papel do sujeito, é preciso lembrar que os objetos são para nós, no sentido de "em si mesmos-para nós", pois não são projeções ou construções de nossa mente. Devem ser encontrados e descobertos, vencida a sua natural resistência.

É o perspectivismo, ou seja, a posição espacial e temporal relativa que ocupamos diante das coisas, que nos obriga a postular o objeto como um existente em si. Os conceitos-chave utilizados por M-P são: perspectiva, campo e horizonte. A adoção de uma perspectiva particular só pode ocorrer em um campo perceptivo na medida em que este tem horizontes, inclusive um horizonte interior. O horizonte último é o mundo: o horizonte dos horizontes. A exploração dos objetos em seus horizontes não implica uma operação intelectual, não é preciso saber qualquer coisa sobre a estrutura da retina, nem são necessárias lembranças ou conjecturas, pois a identidade dos objetos não é construída a partir de imagens. Na verdade, suas identidades implicam espaço-temporalidade, estrutura do horizonte objetual ou sua perspectiva. A abertura inerente a todo objeto impede que os objetos da experiência sejam absolutos e o corpo vivo é o *sine qua non* dessa experiência (Langer, 1989, p. 25).

Entretanto, quando o preconceito do mundo objetivo entra em cena, congelando a experiência, nosso corpo vivo é concebido como um objeto entre os objetos. Ao contrário, concebido como nosso ponto de vista no mundo, em lugar de um objeto, o corpo faz emergir a estrutura espaço-temporal da experiência perceptiva. Para restaurar esse papel e provocar uma mudança radical na estrutura sujeito-objeto, M-P começa com um exame crítico do corpo visto como objeto e a fisiologia mecanicista.

À luz do pensamento objetivo, os objetos e as partes dos objetos estão relacionados de uma maneira puramente externa. Ao incorporar o corpo vivo nesse sistema causal, a fisiologia mecanicista converteu-o em um padrão de estímulo e resposta. Mais tarde, esse modelo mecanicista foi substituído pela noção de um organismo que se relaciona com a estimulação em uma variedade de maneiras. Se a estimulação de um órgão do sentido produz percepção, então, torna-se necessário falar de uma disposição do organismo à estimulação, o que levou à consideração da percepção como um fenômeno psicofísico. Contudo, isso ainda não significa descartar a causalidade de um corpo objetivo que envia mensagens ao cérebro. Assim, a experiência corporal se viu reduzida a um fato psíquico ou a uma representação resultante de eventos objetivos que ocorrem em nosso corpo real (Langer, 1989, p. 27). Reinstala-se aí a velha dicotomia cartesiana entre o corpo e a mente.

Tendo em vista desmontar essa dicotomia, M-P desenvolve uma longa discussão do membro fantasma em indivíduos amputados, discussão que termina na postulação de duas camadas corporais, o corpo habitual e o corpo no presente. O primeiro projeta um cenário habitual em torno de si, o que fornece uma estrutura geral para a situação do sujeito. Com essas duas camadas, o corpo se torna o ponto de encontro do presente, passado e futuro.

A experiência do corpo e a psicologia clássica

Depois de examinar criticamente a existência via fisiologia, M-P passa para a psicologia. Ao caracterizar o corpo, a psicologia clássica indicou a diferença crucial entre o corpo e os objetos. Todavia, seu ponto de partida, localizado em um observador imparcial, impediu a psicologia de buscar os significados filosóficos dessa diferença. É certo que a psicologia estabeleceu a distinção entre o corpo e os objetos externos, notando que o primeiro é um objeto afetivo. Igualmente, para indicar a diferença entre mover um objeto e mover o próprio corpo, invocou a noção de sensações cinestésicas, também conhecida como propriocepção, termo utilizado para nomear a capacidade em reconhecer a localização espacial do corpo, sua posição e orientação.

Contudo, na carência de fundamentação filosófica, a psicologia não foi além das peculiaridades contingentes do corpo humano para diferenciá-lo dos objetos. A experiência do corpo se viu assim reduzida a uma representação, um fato psicológico equivalente aos fatos físicos estudados por outras ciências. Diferentemente de outros cientistas, há que se convir, os psicólogos estavam incluindo sua própria experiência para examinar a experiência do corpo. Isso abriu caminho para um retorno à experiência.

A espacialidade do corpo próprio e a motricidade

Seguindo pela trilha já aberta para a experiência, M-P passa a perseguir a descrição fenomenológica do corpo na investigação da espacialidade, condição primordial da percepção viva. Nosso corpo está imediatamente presente a nós, porque nós somos o nosso corpo. Possuímos uma "imagem corporal" de suas partes constituintes. Mas aqui é preciso diferenciar o entendimento que M-P tinha dessa expressão em contraste com os psicólogos clássicos. Para estes, "imagem corporal" diz respeito às associações habituais de imagem que acompanham vários estímulos e os movimentos do corpo. Desse modo, a imagem corporal refere-se à totalidade de impressões indicativa da localização dos estímulos e a posição de todas as partes do corpo em todos os instantes. Embora os psicólogos tenham chegado perto da noção da imagem corporal como intencionalidade encarnada, suas consequências filosóficas não foram exploradas.

A mudança da imagem corporal de um mosaico de associações para a consciência do corpo como intencionalidade encarnada implica uma virada na noção do corpo como objeto para o corpo como experienciado. Este não se divorcia do mundo, pois intencionalidade encarnada implica o polo de um propósito corporal global que se constitui na base do espaço objetivo, a saber, as coordenadas externas e as posições determinadas, tais como frente, trás, dentro, fora, direita, esquerda etc. Assim, ver é ver de algum lugar, descrito como a posição do corpo em relação aos objetos externos.

Além disso, a consciência do corpo é inseparável do mundo percebido. Sempre percebemos com referência ao nosso corpo, pois a consciência imediata do corpo volta-se na direção das coisas.

> A consciência é o ser para a coisa por intermédio do corpo. Um movimento é apreendido quando o corpo o compreendeu, quer dizer, quando ele o incorporou ao seu "mundo", e mover seu corpo é visar a coisa através dele, e deixá-lo corresponder à sua solicitação que se exerce sobre ele sem nenhuma representação. Portanto, a motricidade não é como uma serva da consciência, que transporta o corpo ao ponto do espaço que nós previamente nos representamos. Para que possamos mover nosso corpo em direção a um objeto, primeiramente é preciso que o objeto exista para ele, é preciso, então, que o nosso corpo não pertença à região do "em si". (M-P, 1994, p. 193)

Assim, a imagem corporal envolve uma orientação e uma motricidade pré-reflexivas primordiais. Na medida em que estamos conscientes de onde estão nossos braços, o corpo se projeta na direção de suas tarefas. São os projetos nos quais nos engajamos que revelam a natureza da espacialidade corporal e uma análise da motricidade elucida a descrição da existência espacial (Langer, 1989, p. 43). Para estudá-la, M-P parte da motricidade patológica para revelar na motricidade normal que a espacialidade corporal é eminentemente dinâmica, a condição mesma para a emergência de um mundo significativo. "O corpo é nosso meio geral de ter um mundo" (M-P, 1994, p. 203).

A síntese do corpo próprio

"Ser corpo é estar atado a um certo mundo, e nosso corpo não está primeiramente no espaço. Ele é o espaço", diz M-P (1994, p. 205). "Como intencionalidade encarnada, o corpo habita o espaço e se projeta na direção de um mundo perceptivo. Na percepção, os vários sentidos não funcionam como fatores a ser coordenados, mas como poderes individuais que estruturam o mundo em uma experiência unificada" (Langer, 1989, p. 48). Quanto à espacialidade, do mesmo modo que ela é constitutiva do corpo fenomênico, assim também a espacialidade das coisas percebidas não se separa do seu ser como coisas. Assim, o sujeito e o mundo formam um todo organicamente relacionado.

M-P fala em força, *momentum* ou motivação para explicar o corpo vivo como uma unidade sintética de poderes sensórios. O corpo solicita aquilo que pode ser sentido ao mesmo tempo que é atraído pelo sensível como aquilo em que seus poderes sensórios se atualizam. Implicando a espacialidade e a temporalidade, a existência corporal é, de saída, transcendência para algo. Longe de ser uma característica *a priori* ou adquirida, a espacialidade corporal é o modo mesmo com que o corpo emerge como corpo.

"A existência não é cega. Há sempre uma consciência amorfa pré-pessoal do movimento primordial do corpo para o mundo. O corpo só se experiencia na medida em que percebe algo" (Langer, 1989, p. 49). Sem essa autorreferência anônima, não haveria a autorreferência mais explícita de uma existência especificamente pessoal. As partes do corpo, ou seus poderes, estão internamente relacionados por implicação mútua que não se confunde com relações mecânicas nem intelectualmente comandadas. Atualizar um poder significa chamar todos os outros a um novo agrupamento. Os poderes se compensam espontaneamente.

Entretanto, isso não explica o processo primário de significação pelo qual o mundo surge para nós. As descrições das relações do corpo com os objetos sempre apresentam as coisas como já constituídas, existentes em si mesmas, de modo independente da nossa transcendência corporal para elas. É por isso que, nesse ponto, é fácil escorregar nos tradicionais dualismos entre mente e corpo, sujeito e objeto. M-P aconselha, então, que busquemos, em uma área de nossa experiência, aquela dialética fundamental em que as coisas começam a existir para nós, começam a significar na medida mesma em que nosso corpo tem o poder de transcendência na direção delas.

> Nesse nível primitivo, há um fluxo primordial de existência em que algo se torna significante quando atrai nosso corpo em um movimento na sua direção, e nosso corpo vem à existência como corpo no próprio movimento, de modo que a significância da coisa e aquela do corpo existem conjuntamente e uma implica a outra. O corpo nos mostra esta dialética fundamental mais adequadamente se o consideramos como um ser sexual. (Langer, 1989, p. 50)

O corpo como ser sexuado

Para tratar do ser sexuado, M-P recorre ao seu método habitual: examinar um caso em que a sexualidade está problematizada de modo que a sexualidade em um corpo saudável possa ser colocada em relevo. No decorrer dessa análise, M-P compara o corpo com uma obra de arte na qual a expressão e o que é expresso se confundem. O significado sexual de um corpo é certo estilo de existência corporal, irredutível a qualquer concepção intelectual. A apreensão do significado sexual requer uma transcendência ativa que exige a participação das várias sensibilidades do corpo. Existência e sexualidade não são mutuamente redutíveis, mas são inseparáveis. A primeira é mais geral do que a segunda. Esta não se reduz ao genital, mas também não alça voos para a psique entendida como pura consciência.

Aliás, segundo M-P, concepções como puro corpo ou pura psique devem ser substituídas por uma subjetividade encarnada, na qual todos os setores da experiência interconectam-se de modo que cada um se distingue do outro, sem que sejam isoláveis. A sexualidade tem uma dialética que expressa a existência de modo específico.

Ao fim e ao cabo, a existência encarnada caracteriza-se por uma ambiguidade radical, uma indeterminação básica, compondo de maneira contínua sínteses de poderes mutuamente implicados que apontam para além de si mesmos. Manifestando-se por todo o corpo do sujeito, nos gestos, nos movimentos, na voz etc., a sexualidade existe em uma atmosfera ambígua. Mas ela evidencia nitidamente que a transcendência do corpo não é um projeto solitário, mas aberto para o outro. É, por isso, uma expressão crucial da existência.

O corpo como expressão e a fala

Tendo examinado a sexualidade como expressão de uma intencionalidade pré-reflexiva do corpo, passamos agora para a expressão em si mesma. No campo da sexualidade, a intencionalidade é pré-reflexiva porque a intencionalidade genuína encontra-se exclusivamente no pensamento, embora ambas sejam peças de um mesmo todo. Se assim não fosse, estaríamos novamente nos debatendo dentro das velhas dicotomias do corpo e mente e do sujeito e objeto. Como M-P se livra disso no território da expressão e da fala?

Certamente não temos dificuldade em constatar que ouvir e falar envolvem o corpo. O problema começa quando consideramos a relação entre o pensamento e o corpo. E, para complicar ainda mais, entre a fala e o pensamento. Assume-se usualmente, desde Descartes, a existência de um reino de pensamento puro, de uma vida interior. Então, pelo caminho mais fácil, considera-se que a conexão desse pensamento puro com a fala seja executada por uma tradução, quer dizer, a fala traduz o pensamento, ele mesmo autônomo.

Para se livrar dessa dicotomia, M-P, mais uma vez, começa por recorrer ao exame de casos patológicos. Sua primeira conclusão é que a palavra tem significado e que a fala não pressupõe um pensamento anterior do qual ela seria mera cópia. Só conhecemos nosso próprio pensamento quando o formulamos em fala interna ou externa. A fala realiza o pensamento. M-P explicita seu argumento por meio da experiência de dizer, pensar ou escutar algo novo, original. Esse é, sem dúvida, um dos pontos altos do livro. Há uma passagem especialmente esclarecedora sobre a questão; embora longa, vale a pena transcrevê-la:

> O orador não pensa antes de falar, nem mesmo enquanto fala, sua fala é seu pensamento. Da mesma maneira, o ouvinte não concebe por ocasião dos signos. O pensamento do orador é vazio enquanto ele fala, e quando se lê um texto diante de nós, se a expressão é bem-sucedida, não temos um pensamento à margem do próprio texto, as palavras ocupam todo o nosso espírito,

elas vêm preencher exatamente nossa expectativa e nós sentimos a necessidade do discurso, mas não seríamos capazes de prevê-lo e somos possuídos por ele. O fim do discurso ou do texto será o fim de um encantamento. É então que poderão sobrevir os pensamentos sobre o discurso ou sobre o texto; antes o discurso era improvisado e o texto compreendido em um único pensamento, o sentido estava presente em todas as partes, mas em parte alguma posto por si mesmo. Se o sujeito falante não pensa o sentido daquilo que diz, menos ainda ele representa-se nas palavras que emprega. (M-P, 1994, p. 245)

A fala não é um envelope externo do pensamento. É a fala costumeira que nos dá a ilusão de que possuímos os pensamentos independentemente da fala. Só a fala originária pode nos livrar dessa ilusão. Para isso, temos de estar atentos àquele silêncio primordial e iniciante do qual a fala costumeira um dia se originou. À significância conceitual da linguagem subjaz sua significância existencial. A fala é um gesto genuíno que, tal como um gesto em si, contém seu significado. A comunicação e compreensão do gesto e da fala é um ato de reciprocidade entre intenções. Isso se comprova na fala originária, quando a compreensão do ouvinte envolve a modulação de seu próprio ser em resposta à intenção significativa do falante. Este fala sem saber, de saída, exatamente o que vai dizer, "e o ouvinte apreende essa intenção, ajustando seu próprio ser ao estilo de ser-no-mundo do falante. Expressão e compreensão realizam-se, sobretudo, através do corpo; qualquer clarificação intelectual vem depois". Tanto quanto na percepção dos objetos, experienciamos uma presença corporal que é primordial (Langer, 1989, p. 61).

A significância da fala é, ao mesmo tempo, transcendente – irredutível ao aparato anatômico – e imanente no comportamento em si mesmo. Falar é um modo de viver o nosso corpo no mundo, envolvendo uma modulação simultânea de ambos. A primazia do significado da fala tem a ver com sua habilidade para se sedimentar em uma aquisição intersubjetiva no curso da experiência em aberto.

Da crítica que realiza das teorias da afasia, M-P extrai a conclusão de que a atividade categorial não é, primordialmente, uma questão de pensar e julgar. Antes de ser um pensamento ou uma forma de cognição, ela é, isso sim, uma maneira de nos situarmos no mundo e estruturarmos a experiência como subjetividades encarnadas.

Com tudo isso, M-P mina as velhas visões do corpo como uma aglomeração de partículas autocontidas. É certo que a fala e o gesto sempre foram considerados transfiguradores do corpo, mas uma transfiguração subserviente de um pensamento incorpóreo. Embora apareçam no corpo por meio da fala e do gesto, os pensamentos só habitam o corpo temporariamente. M-P opõe-se radicalmente a essa visão, evidenciando que a fala e o gesto não seriam capazes de expressar o pensamento, a menos que o corpo já fosse esse pensamento. Como o corpo seria capaz de expressar o significado na ausência de um significado imanente? "É por meu corpo que compreendo o outro, assim como é por meu corpo que percebo 'coisas'. Assim 'compreendido', o sentido do gesto não está atrás dele, ele se confunde com a estrutura do mundo que o gesto desenha e que por minha conta eu retomo, ele se expõe no próprio gesto" (M-P, 1994, p. 253).

Assim que nos livramos da ascética divisão cartesiana entre mente e corpo, em consideração de um corpo vivo significativo, não podemos evitar a constatação de um modo ambíguo de existência que descarta as relações causais entre as partes do corpo e entre o corpo e o mundo exterior. Ao contrário, mente, pensamento e corpo estão enraizados na subjetividade encarnada, intencionalmente relacionada com o mundo.

O mundo percebido

O sentir

Por ter da percepção uma visão impessoal, relegando-a ao estatuto de um fato no mundo objetivo, o empiricista ignora que ele vive na percepção e que é o sujeito que percebe, não se dando conta, portanto, da transcendência vivida que cria uma abertura no ser, fazendo emergir a presença de um campo perceptivo. Enquanto no mundo empiricista não há lugar para a consciência, no intelectualista, tudo se subordina a um ego constitutivo universal. No primeiro caso, temos um ser em si mesmo. No segundo, um ser para si mesmo. Para constituir o mundo, o ego transcendental não se envolve na percepção, pois permanece acima do mundo e não dentro dele.

De que modo o sentir aparece ao intelectualista e ao empiricista? No primeiro caso, conhecimento é sempre conhecimento de objetos e o espaço é a forma da objetividade. Desse modo, os sentidos, abertos a um mesmo espaço envolvente, são todos espaciais, providenciando o acesso aos objetos. Contra essa postulação, para os empiricistas, os sentidos estão separados. Segundo M-P, em vez de começar com a ideia de sujeito e objeto, deve-se voltar à experiência pré-reflexiva e, então, descrever suas características por meio da reflexão. "Todo saber se instala nos horizontes abertos pela percepção" (M-P, 1994, p. 280).

Embora Kant tenha partido da afirmação de que o nosso conhecimento começa com a experiência, a seguir, propôs a eliminação de tudo que pertence aos sentidos para chegar ao conhecimento *a priori*, universal e necessário, que independe de toda experiência. Para M-P, é impossível cortar nosso conhecimento da experiência perceptiva primordial na qual ele se enraíza. Não há uma necessidade externa aos nossos sentidos para ditar sua unidade e diversidade. Em lugar da postulação de um único espaço como condição necessária para pensar as qualidades, à luz da reflexão fenomenológica, a sensação deixa de ser um estado ou qualidade inerte, ou mesmo a consciência dela, para se tornar a estrutura do nosso ser no mundo. "O sujeito da sensação não é nem um pensador que nota uma qualidade, nem um meio inerte que seria afetado e modificado por ela; é uma potência que co-nasce com um certo meio de existência e se sincroniza com ele" (M-P, 1994, p. 285).

Assim, a espacialidade vivida é inseparável dos sentidos e da sensação, e de nossa experiência das qualidades emergem modos particulares de ser-no-mundo. A unidade e a diversidade dos sentidos correspondem a dois aspectos do sentir, cada sentido cria seu mundo particular, ao mesmo tempo que se insere no mundo mais amplo de nossa experiência integrada. Nosso enraizamento em um único espaço envolvente, como sujeitos encarnados, abertos ao mundo de fato, é o que nos permite passar da espacialidade que caracteriza um reino sensorial para o Outro e de volta ao primeiro, sem perder nossa apreensão do mundo. Os sentidos coexistem e interagem e a contribuição de cada um é indistinguível na configuração total da percepção. Em sua primeira camada, o sentir é anterior a qualquer separação dos sentidos e só uma experiência muito particular pode fazer um sentido aparecer de modo separado ou uma qualidade sensível destacar-se no campo perceptivo (Langer, 1989, p. 76-77).

Entretanto, a síntese perceptiva que realiza a unificação de nossas experiências sensórias é radicalmente distinta do *noumenon* kantiano. Aquela não se confunde com uma síntese epistemológica efetuada por uma consciência transparente. Sua raiz, ao contrário, encontra-se em uma unidade pré-lógica do corpo em si mesmo na medida em que se abre para o mundo.

Como era de se esperar, para M-P, a natureza do sentir e da sensação surge mais claramente nos estudos de experimentos envolvendo pacientes que sofrem de desordens nesse campo. Tais estudos o levam a constatar que sentir não é um registro passivo, nem uma imposição ativa de um significado. O sentir vem da coexistência com algo, de abrir-se a esse algo e torná-lo nosso, antes de qualquer reflexão ou ato pessoal. É fácil constatar na própria experiência que não há um ego pensante atrás de nossos olhos e corpo, quando contemplamos ao longe o azul profundo do mar unindo-se à luz azul do céu, ou quando nos aconchegamos no calor tépido de um corpo amado. Sentir é uma atividade anônima com final em aberto, anterior e pressuposta por nossa existência pessoal.

> O sentir me restitui aquilo que lhe emprestei, mas é dele mesmo que eu o obtivera. Eu, que contemplo o azul do céu, não sou *diante* dele um sujeito acósmico, não o possuo em pensamento, não desdobro diante dele uma ideia de azul que me daria seu segredo, abandono-me a ele, enveredo-me nesse mistério, ele "se pensa em mim", sou o próprio céu que se reúne, recolhe-se e põe-se a existir para si, minha consciência é obstruída por esse azul ilimitado. (M-P, 1994, p. 289)

Em suma, "toda sensação comporta um germe de sonho ou de despersonalização, como nós o experimentamos por essa espécie de estupor em que ela nos coloca quando vivemos verdadeiramente em seu plano" (M-P, 1994, p. 290).

O espaço

A tradição nos legou basicamente duas visões do espaço: uma objetiva e outra subjetiva. Na primeira, o espaço aparece como um gigantesco recipiente para os objetos ou como uma característica comum aos objetos. Na segunda, o espaço é uma forma constituída por um sujeito transcendental, que torna a experiência externa possível. O espaço oscila, portanto, entre ser parte de um mundo real, lá fora, ou um princípio de unificação no sujeito da experiência.

Nas descrições fenomenológicas de M-P, o sujeito é uma subjetividade encarnada e o sujeito da experiência é o corpo fenomênico inseparavelmente ligado ao mundo. Desse modo, estar lá fora ou aqui dentro não faz mais sentido do que resulta a necessidade de se repensar a questão do espaço, buscando capturar a gênese do espaço. Isso significa deter-se nas situações de ruptura de nossas experiências habituais, pois é na desintegração dos hábitos que se revelam os fios que tecem a fabricação de nossas experiências. Novamente, M-P faz uso de exemplos de experimentos para concluir pela dialética de um poder direto que o mundo exerce sobre o nosso corpo e o poder recíproco que o corpo exibe ao se ancorar no mundo. O corpo é uma potencialidade de movimento, enquanto o campo perceptivo é um convite à ação. O sujeito encarnado recebe do mundo o prazer do espaço.

> A constituição de um nível espacial é apenas um dos meios da constituição de um mundo pleno: meu corpo tem poder sobre o mundo quando minha percepção me oferece um espetáculo tão variado e tão claramente articulado quanto possível, e quando minhas intenções motoras, desdobrando-se, recebem do mundo as respostas que esperam. Esse máximo de nitidez na percepção e na ação define um solo perceptivo, um fundo de minha vida, um ambiente geral para a coexistência de meu corpo e do mundo. (M-P, 1994, p. 337)

Há uma comunicação com o mundo mais antiga do que o pensamento entre o espaço e a percepção no interior do sujeito.

> O espaço está assentado em nossa facticidade. Ele não é nem um objeto, nem um ato de ligação do sujeito, não se pode nem observá-lo já que ele está suposto em toda observação, nem vê-lo sair de uma operação constituinte, já que lhe é essencial ser já constituído, e é assim que magicamente ele pode dar à paisagem as suas determinações espaciais, sem nunca aparecer ele mesmo. (M-P, 1994, p. 343)

Nossa percepção espacial revela que ser é estar situado, que nossa coexistência primordial com o mundo magnetiza a experiência e induz uma direção nela. O vir a ser da objetividade é o vir a ser de um ser que se orienta. Ser um objeto é ser para um olhar ou para um toque e a direção espacial de um objeto não é mera contingência, mas o meio para o seu reconhecimento e para se estar consciente dele. As coisas têm uma direção para um corpo fenomênico.

M-P evitou a concepção clássica da profundidade, baseada nas relações geométricas entre distância, profundidade e superfície aparente, introduzindo a noção de um ponto de vista cambiante, o que permite a um corpo virtual avaliar uma profundidade vista e não simplestmente medida (Cesário, 2008, p. 2).

Mais do que todas as outras dimensões espaciais, a profundidade é radicalmente existencial, não se fazendo explicar como uma propriedade do objeto, nem como um constructo intelectual. Ela nos obriga a rejeitar o prejuízo do mundo e a reencontrar a experiência primordial em que ele brota (M-P, 1994, p. 345). A reflexão sempre encontra uma espacialidade já adquirida, indicativa de uma existência pré-pessoal de nosso corpo como um eu natural, anônimo e generalizado, subjacente à nossa história pessoal. A espacialidade primordial, inseparável de nosso ser no mundo, permite-nos compreender a experiência limite de nossa contingência, como M-P a expressa (1994, p. 381): "A angústia dos neuropatas à noite provém do fato de que ela nos faz sentir nossa contingência, o movimento gratuito e infatigável pelo qual procuramos ancorar-nos e transcender-nos nas coisas, sem nenhuma garantia de sempre encontrá-las".

Se a espacialidade primordial é uma experiência pré-objetiva na qual o sujeito encarnado adere ao ambiente e se a motricidade é uma modalidade de nosso enfrentamento com o mundo, ambas, espacialidade e motricidade, estão mutuamente implicadas. Em suma, "a ancoragem do corpo como um eu natural institui um espaço físico ou natural, abrindo um espaço humano que abrange o mundo das emoções, dos sonhos, dos mitos e da loucura, tanto quanto o mundo da reflexão" (Langer, 1989, p. 87).

A coisa e o mundo natural

Tendo questionado o espaço como forma transcendental e como recipiente de objetos, cabe agora investigar o que costuma ser concebido como conteúdo desse espaço, justamente os objetos. Segundo M-P (1994, p. 407), Kant viu muito bem que não é um problema "saber como formas e grandezas determinadas aparecem em minha experiência, já que de outra maneira ela não seria experiência de nada e toda experiência interna só é possível sobre o fundo da experiência externa". Entretanto, Kant concluiu daí que "eu sou uma consciência que investe e constitui o mundo e, nesse movimento reflexivo, ele passava por cima do fenômeno do corpo e do fenômeno da coisa". Para M-P, ao contrário, se queremos descrever ambos os fenômenos, "é preciso dizer que minha experiência desemboca nas coisas e se transcende nelas, porque ela sempre se efetua no quadro de uma certa montagem em relação ao mundo que é a definição do meu corpo. As grandezas e as formas apenas dão modalidade a esse poder geral sobre o mundo".

A nova noção de objetividade, inaugurada por M-P, tornou-a a emergência de uma dialética entre o corpo e o mundo, fundada no poder do sujeito de se ancorar em um mundo pré-objetivo por meio de seus órgãos sensoriais. Será que essa noção arruína com a independência relativa das coisas? Ao minar a ideia do espaço como um recipiente ou como forma transcendental, M-P não minou também tudo que poderia estar incluído nesse recipiente, tornando, de fato, impossível a unidade e a objetividade do mundo? Ao rejeitar a noção de identidade como uma coleção de características determinadas que persistem como propriedade de uma coisa a despeito de mudanças contingenciais do tempo e do espaço, M-P não sacrificou a existência mesma de quaisquer coisas? Será que ele simplesmente colocou uma subjetividade radical no lugar de todas essas noções tradicionais? M-P estava perfeitamente alerta a todas essas dificuldades e a elas respondeu (Langer, 1989, p. 89).

O que é aquilo que costumamos chamar de coisa? Costumeiramente são concebidas como tendo propriedades estáveis que lhes dão realidade. Para evidenciar o que está por trás desse axioma, M-P passa a descrever o fenômeno da realidade pela investigação do fenômeno da constância perceptiva. Quais são as versões tradicionais dessa questão? A psicologia considera a constância do tamanho e da forma como convenção. Embora leve em consideração o papel do corpo para produzir as diferenciações de tamanho e forma, essa explicação pressupõe justo o que precisa ser explicado. O intelectualista, por outro lado, afasta-se do problema da objetividade e conclui que, não obstante suas várias aparências, o objeto é a totalidade de todas as suas aparências atuais e possíveis. Mas, ao deixar de distinguir o objeto de suas aparências, o intelectualismo torna incompreensível a aparência *qua* aparência.

Já vimos que o fundamento primordial das direções espaciais repousa na apreensão compreensiva e recíproca do corpo fenomênico com o mundo. Esse ancoramento do corpo no mundo e a dialética do corpo-mundo anônimo que este continuamente faz emergir são a fonte da objetividade. Se estamos envolvidos no mundo por meio de nosso corpo, a aparência dos objetos é sempre inseparável de nossa atitude corporal particular. A constância da cor, por exemplo,

> é apenas um momento abstrato da constância das coisas, e a constância das coisas está fundada na consciência primordial do mundo enquanto horizonte de todas as nossas experiências. Portanto, não é porque percebo cores constantes sob a variedade das iluminações que creio em coisas, e a coisa não será uma soma de caracteres constantes, ao contrário, é na medida em que minha percepção é em si aberta a um mundo e a coisas que reconheço cores constantes. (M-P, 1994, p. 420)

Assim, a constância das coisas não é uma função mecânica nem intelectual, mas, sim, inseparável da dialética fundamental com que o sujeito encarnado assume seu lugar no mundo, um ancoramento no mundo que é simultaneamente finitude, incompletude e abertura. Isso porque nos damos conta do mundo perspectivamente, com um poder compreensivo das suas modalidades, de modo que a constância das coisas enraíza-se na constância do próprio corpo, uma constância, aliás, que não tem a ver apenas com o tamanho e a forma das coisas, mas com todos os seus traços, como cor, textura etc.

O desenrolar dos dados sensíveis sob o nosso olhar ou sob as nossas mãos é como uma linguagem que se ensinaria por si mesma, em que a significação seria secretada pela própria estrutura dos signos, e é por isso que se pode dizer literalmente que nossos sentidos interrogam as coisas e que elas lhes respondem. (M-P, 1994, p. 428)

Já no prefácio de seu livro, para M-P, a percepção requer articulações de figura e fundo. Essas dimensões envolvem articulações espaciais, como a profundidade, que tem sua fonte na espacialidade viva do corpo fenomênico. Tanto quanto a profundidade, a luminosidade também desempenha um papel na articulação do campo perceptivo. Por meio dessa análise, M-P conclui que as coisas têm uma unidade intersensorial que corresponde à totalidade sintética dos poderes sensórios de que o sujeito encarnado se constitui. "Toda percepção é uma comunicação ou uma comunhão, a retomada ou o acabamento por nós, de uma intenção alheia ou, inversamente, a realização, no exterior, de nossas potências perceptivas e como um acasalamento de nosso corpo com as coisas" (M-P, 1994, p. 429).

Ademais, a objetividade das coisas é inseparável de sua natureza com final aberto e, portanto, inseparável da ambiguidade fundamental que a riqueza da percepção envolve. "O mundo, no sentido pleno da palavra, não é um objeto, ele tem um invólucro de determinações objetivas, mas também fissuras, lacunas por onde as subjetividades nele se alojam, ou, antes, que são as próprias subjetividades". As coisas, portanto, "que devem ao mundo o seu sentido, não são significações oferecidas à inteligência, mas estruturas opacas, e porque seu sentido último permanece embaralhado". Só quando vividos por mim ou por sujeitos tais como eu é que a coisa e o mundo existem, pois eles são o encadeamento de nossas perspectivas, ao mesmo tempo que "transcendem todas as perspectivas, porque esse encadeamento é temporal e inacabado" (M-P, 1994, p. 447).

O Outro e o mundo humano

Vimos acima que a objetividade brota no diálogo do corpo-mundo, cuja fundação se encontra no poder primordial do sujeito encarnado de se ancorar no mundo pré-objetivo, pelo exercício de seus órgãos sensórios. As coisas se tornam reais quando o sujeito-corpo, concebido como um poder intersensorial compreensivo, apreende-as como objetos intersensoriais. Nessa apreensão, o corpo engata-se no mundo o que implica movimento, temporalidade, incompletude e indeterminação. As coisas são inseparáveis daquele que percebe, pois se constituem na apreensão que este tem do mundo, mas, ao mesmo tempo, elas são objetivas, relativamente independentes. São em si mesmas para nós.

A identidade e a constância das coisas não são uma questão de posse de propriedades inertes, mas sim um estilo dinâmico de existência, que surge do modo como as coisas convidam e respondem à exploração perceptiva. Assim, a cor não é uma qualidade fixa. Sua constância tem a ver com o modo como algo atrai o olhar de quem percebe e com o tipo de resistência que a cor oferece à exploração perceptiva. A maneira como as coisas modulam a luz é indicativa de sua textura, de sua flexibilidade, seu peso etc. As coisas falam aos vários poderes sensoriais sem que, com isso, tenham de ser absorvidas dentro de quem percebe. Em suma, a objetividade emerge em uma atmosfera habitada por um eu natural. Nossa apreensão do mundo não se reduz às coisas, inclui o Outro e o mundo cultural (Langer, 1989, p. 97-98).

A subjetividade é a contraparte da objetividade. Há uma interpenetração de ambas. Como outras subjetividades aparecem para nós? Tradicionalmente, isso foi tratado como o problema das outras mentes. De que maneira a nossa mente pode apreender outra mente? Se a subjetividade for tratada simplesmente como uma realidade mental, o caminho para outra mente estará necessariamente travado. Um ego supremo, solipsista, só pode conceber o Outro como simples momentos de sua própria atividade. No viés objetivante do cartesianismo, o conhecimento do Outro "pressupõe uma volta do pensamento ao próprio sujeito reflexionante, pois é por meio dele que o Outro ganhará significado" (Falabretti, 2010, p. 517). Para dar conta disso, a psicologia tradicional invocou o argumento da analogia. Se nosso corpo reage aos nossos estados mentais de determinada maneira, deduzimos por analogia que o comportamento do outro também está reagindo a estados mentais similares. Mas isso significa assumir que nossa subjetividade é anterior e a base para a percepção do outro, quando na realidade se trata do oposto.

A revisão da imagem corporal que M-P levou a cabo para dar conta do mundo natural, também é a chave para o acesso aos outros seres humanos e à cultura. "A percepção do Outro se dá, antes de tudo, em uma situação pré-reflexiva. O cogito deve revelar-me em situação, e é apenas sob essa condição que a subjetividade poderá ser uma intersubjetividade" (Falabretti, 2010, p. 527). A consciência não é constituinte, tampouco é um puro ser-para-si. Ela é perceptiva, um ser-no-mundo ou existência, pois é somente assim que outrem pode aparecer no cume de seu corpo fenomênico e receber uma espécie de localidade (M-P, 1994, p. 471).

A existência pré-pessoal, tanto da criança em seu desenvolvimento como do adulto situado em um reino pré-reflexivo, caracteriza-se pelo diálogo. Desse modo, os outros e a cultura tornam-se partes da imagem corporal e já são compreendidos antes de qualquer reflexão. O corpo é primordialmente expressivo e assim o é em sua relação com os seres humanos. "O corpo próprio, antes de tudo, por meio de seus gestos, de sua presença no mundo, é o veio de comunicação entre o Eu e o Outro [...] A intersubjetividade somente pode ser descoberta por meio de uma volta ao pré-reflexivo, em um caminho que se antecipa às orientações de uma consciência reflexiva em proveito do acesso corporal" (Falabretti, 2010, p. 527).

Nessa medida, a apreensão do mundo intersubjetivo não apresenta mais problemas do que a apreensão dos membros de nosso corpo. E a ambiguidade e a opacidade das relações intersubjetivas não são nem mais, nem menos ambíguas e opacas do que nossa existência pessoal inerentemente temporal e indeterminada. Nunca coincidimos com o Outro, assim como nunca coincidimos conosco mesmos, pois a autoconsciência implica um distanciamento e nossa experiência continuamente se refaz no tempo. Não somos capazes de reconstruir o passado como efetivamente vivido, uma vez que o passado só pode existir em uma presença ambígua, na qual estamos essencialmente abertos tanto ao nosso próprio passado quanto aos outros. Existimos com os outros e nossa experiência enreda-se nos outros.

Diferentemente de Sartre, para M-P, a experiência de uma comunidade de compartilhamento é ontologicamente anterior ao conflito. O olhar inumano com que o Outro faz de nós objetos pressupõe o retraimento da presença interativa e a imersão em nossa natureza pensante. É por isso que o olhar alienante do Outro nos perturba, enquanto o olhar de um cão nos enternece. Isso não significa que sejamos primordialmente um mero espetáculo para o Outro e ele para nós. Antes de tudo, somos subjetividades encarnadas que sentem prazer nos interstícios orgânicos com o mundo e com os outros. O corpo é sempre perspectivista, de modo que nunca temos uma apreensão completa do mundo, o que abre espaço para as outras subjetividades encarnadas. Seus corpos são intencionais e percebemos essas intenções com a intencionalidade de nosso próprio corpo. Essa presença mútua de sujeitos encarnados precede toda alienação. Nossas perspectivas escorregam para o Outro e se enredam em um mundo social compartilhado.

O ser para si e o ser-no-mundo

O cogito

Por que retornar ao cogito? "À fenomenologia entendida como descrição direta, deve acrescentar-se uma fenomenologia da fenomenologia." Voltar ao cogito significa "procurar ali um Logos mais fundamental do que o do pensamento objetivo, que lhe dê o seu direito relativo e, ao mesmo tempo, o coloque em seu lugar" (M-P, 1994, p. 489-490).

Embora nossa existência pessoal, de fato, esteja prenhe de ambiguidades, hesitações, obscuridades e incertezas, quando o ser humano faz filosofia, busca transcender essas condições para entrar no mundo da reflexão pura. Refletir é alçar-se ao reino da consciência na demanda de claridade e de verdade. Ora, o primeiro filósofo que postulou o indubitável e a verdade do pensamento foi Descartes. Depois de ter elaborado sua teoria da percepção e a experiência pré-reflexiva que esta perfaz, a tarefa que agora se apresenta a M-P é questionar se é possível postular uma interioridade absoluta e transparente a si mesma, na qual a verdade pode ser gerada.

Para começar, M-P não pode aceitar o postulado magno de Descartes da separação entre a mente e o corpo. Para ele, o corpo não é um objeto e nossa consciência dele também não é uma ideia. A ambiguidade, que é inerente ao modo de existência do corpo, espraia-se pelo mundo perceptivo como um todo. Nossa consciência pré-reflexiva das coisas e do Outro é inseparável da dinâmica interativa anônima com o mundo. Se o conhecimento emerge da experiência perceptiva primordial, é preciso considerar que a percepção envolve o erro. Porém, quando passamos da percepção exterior para a interior, podemos ser enganados por nossos próprios sentimentos?

M-P desenvolve, então, longas reflexões sobre emoções verdadeiras e ilusórias, inclusive sobre o sentimento do amor, para concluir que nossas emoções não estão isoladas do mundo e nosso contato com nossas emoções é sempre realizado em uma esfera de ambiguidade. Não ficamos assim condenados a uma dúvida sem fim? M-P volta-se, então, para um reexame da linguagem e da relação entre pensamento e fala.

> Quanto ao sujeito fala, é preciso que o ato de expressão também lhe permita ultrapassar aquilo que anteriormente ele pensava, e que ele encontre em suas próprias falas mais do que pensava nelas colocar, sem o que não se veria o pensamento, mesmo solitário, procurar a expressão com tanta perseverança. Portanto, a fala é esta operação paradoxal em que tentamos alcançar, por meio das palavras, cujo sentido é dado, e de significações já disponíveis, uma intenção que, por princípio, vai além e modifica, em última análise, fixa ela mesma o sentido das palavras pelas quais ela se traduz. (M-P, 1994, p. 520)

Ora, a expressão é inerentemente temporal e sempre retém um coeficiente de facticidade. "Assim, a posse de si, a coincidência consigo não é a definição do pensamento: ao contrário, é um resultado da expressão e é sempre uma ilusão, na medida em que a clareza do saber adquirido repousa na operação fundamentalmente obscura pela qual eternizamos em nós um momento de vida fugidio" (M-P, 1994, p. 521). A análise mostra que, atrás da linguagem, não existe um pensamento transcendente. É o pensamento que se transcende na fala, é "a própria fala [que] *faz* esta concordância de mim comigo e de mim com outrem (M-P, 1994, p. 525).

Qualquer pensamento sobre o pensamento não pode se livrar de seu enraizamento na consciência perceptiva, o que nos lega uma espessura temporal e uma contingência que não podem ser conjuradas. Nosso acesso ao conhecimento, certeza e verdade encontra, portanto, sua condição na opacidade e na ambiguidade. Não existe um reino de pura reflexão em que o pensamento possa se abrigar. "Eu não sou uma série de atos psíquicos, nem tampouco um eu central que os reúne em uma unidade sintética, mas uma única experiência inseparável de si mesma, uma única 'ocasião de vida', uma única temporalidade que se explica a partir de seu nascimento e o confirma em cada presente" (M-P, 1994, p. 546).

Não há separação entre o interior e o exterior. "O mundo está inteiro dentro de mim e eu estou inteiro fora de mim" (M-P, 1994, p. 546). Temos, portanto, de abandonar resolutamente o cogito absoluto que nos ejeta do mundo, bloqueia a intersubjetividade e destrói a temporalidade. Em seu lugar, precisamos procurar outro cogito que seja compatível com nossa experiência vivida (Langer, 1989, p. 116).

Disso resulta compreender a expressão "ser-no-mundo" como uma relação existencial com uma significação existencial, uma existência como ação e constante autotranscendência. Antes de fazermos de nós mesmos objetos de nosso pensamento, precisamos existir como seres-no-mundo. O pensamento formal está fundado no pensamento intuitivo e é deste que brotam as certezas e a verdade. Consciência absoluta, não situada, é consciência não humana. Assim como é impossível nos livrarmos de uma inerência no mundo, também é impossível colocar entre parênteses nossos pressupostos de modo a atingir o sonho husserliano de uma evidência absoluta. Não há conhecimento absoluto, nem erro absoluto, porque nossa experiência da verdade é inseparável de nosso ser em situação. Assim, a concepção fenomenológica da verdade abandona tanto o dogmatismo quanto o ceticismo. Estar na verdade é estar no mundo.

A temporalidade

Sendo inerentemente perspectivista, por sua natureza, a percepção é temporal. Ela requer uma síntese corporal, envolvendo espacialidade e motricidade que se dão no tempo. O mundo percebido emerge para uma transcendência corporal que também se dá no tempo. Contudo, o que é o ser do tempo? A esse assunto, M-P dedica um longo e belíssimo capítulo. A antiga concepção do tempo, que se preserva no senso comum, é a do tempo como um rio que flui. Uma imagem confusa, pois não considera que fluir implica mudança de lugar (o rio corre de um lugar para o outro) e que esta implica um observador situado em algum ponto do fluxo. Assume-se que a ação de fluir parte do passado para o futuro, mas a introdução de um observador embaralha essa linearidade. Para a realidade perspectivista deste, o tempo não é um fluxo, tampouco um processo a ser registrado com neutralidade. Ao contrário, o tempo vem a ser em nossa relação com o mundo. Ademais, se a subjetividade é um ato de transcendência para o mundo, pode-se afirmar que nós somos o tempo. Para justificar essa afirmação, M-P recorre novamente à desconstrução das tradicionais noções realistas e idealistas do tempo.

Se insistirmos em localizar o tempo nas coisas mesmas, de um lado, ou nos estados da consciência, de outro, o ser do tempo será mal compreendido, visto que ele se constitui na nossa relação viva com o mundo. Se não fosse assim, como descreveríamos a experiência primordial que sublinha nossa noção de transitoriedade, de duração e de eternidade a não ser pela constatação de que existimos como uma síntese viva do passado, presente e futuro. M-P "não define o presente como um instante pontual, mas como um campo denso, que espontaneamente se abre para o passado e para o futuro" (Ferraz, 2009, p. 31, n. 13). É o nosso campo de presença que nos leva a inter-relacionar as dimensões temporais, um campo com horizontes de futuro e passado imediato. Um futuro que se torna presente imediatamente é convertido em passado imediato. Enquanto o passado imediato se afasta, o futuro cai sobre nós, na chegada de cada presente. Este não apenas transforma seu predecessor como também ajuda a determinar a forma de seu sucessor.

Em *Lições para uma fenomenologia da consciência interna do tempo*, Husserl (1994) introduziu os conceitos de protensão e retenção. A retenção é um ponto originário

> que liga os momentos do fluxo como a duração, o fluir, e assim por diante. Não há nenhuma intenção que não esteja vinculada a uma "segunda intenção" (*retenção*) que a integra e a torna possível. Isso induz a afirmar que a consciência não é somente consciência, mas *fluxo de consciência*: não já no sentido de uma consciência interna ao fluxo, mas no sentido de que ela, em sua singularidade, conserva o conteúdo percebido, mesmo quando já não o é. Cada experiência nossa, cada percepção nossa, mesmo a mais simples sensação, é a ressonância da sensação de viver em uma continuidade, não o trânsito de um momento para o outro. (Masullo, 2003)

> Essa sequência de momentos isolados – desprovida de descontinuidade e que restabelece a impressão de um fluxo – se origina na consciência. A experiência do tempo é determinada por uma instantaneidade não apenas intencional, mas também, indissoluvelmente, *retencional* e tem lugar na consciência. (Maldonato, 2008, p. 42)

Tomando por base esse par de conceitos, mas recusando o caráter serial que está implícito na concepção husserliana, M-P "sustenta que a descrição do campo de presença como sucessão de instantes é apenas uma descrição parcial da experiência do tempo". Quando se revela a "temporalidade constituinte, ou seja, a temporalidade verdadeiramente originária da consciência, então não há uma multiplicidade de instantes densos (A, B, C), ordenados sucessivamente, mas um único movimento de escoamento, no qual as diferentes dimensões (presente, passado e futuro) se recobrem como um ímpeto generalizado, sem a distinção de momentos discretos" (Ferraz, 2009, p. 288).

São as intencionalidades que nos conectam com o futuro e o passado e nos ancoram em nosso ambiente. O tempo "não é uma linha, mas uma rede de intencionalidades" (M-P, 1994, p. 558) que se sobrepõem e encontram seu centro no sujeito-corpo como intencionalidade primordial. Nem uma causalidade mecanicista, nem uma síntese intelectual, o tempo é o projeto que nós mesmos somos. É a *ek-stase* de que fala Heidegger em *Ser e Tempo*. Existir é temporalizar-se sem necessidade de uma síntese ou unidade externa ou interna. O tempo não é observável nem concebível. É o processo de viver em que o presente não é apenas qualquer um de seus momentos, mas nossa vida inteira. Nem uma sequência de eventos externos, nem de estados internos, o tempo é uma cadeia interconectada de campos de presença.

Nessa descrição, a natureza de subjetividade fica elucidada. Segundo Husserl, o frescor de cada presente transforma a rede temporal inteira no processo de uma vida que se desenrola. O eu afeta, é afetado e se autoafeta de modo que nossa reflexão sobre o tempo também se situa no tempo e nossa reflexão sobre a subjetividade é parte dela. Para M-P, "a subjetividade não está no tempo, porque ela assume ou vive o tempo e se confunde com a coesão de uma vida" (M-P, 1994, p. 566). É a temporalidade que estabelece a não coincidência da subjetividade consigo mesma, assegurando sua abertura para o Outro e sua participação na criação comum do significado.

Sujeito e objeto são, portanto, momentos abstratos de uma totalidade concreta única que é a presença. Nossa experiência atual de estar presente no mundo revela que nosso corpo fenomênico é um corpo cognitivo.

A liberdade

Presença significa que não estamos conectados ao nosso corpo, ao mundo e à sociedade por relações causais. Cortar os laços com o determinismo abre espaço para a liberdade. Esta requer algum poder, um poder que é sustentado por nossos engajamentos. Mas nenhum engajamento origina-se na liberdade absoluta e vivemos nossos engajamentos na ambiguidade. O erro apontado por M-P é o de levar em conta apenas projetos intelectuais, em lugar do "projeto existencial que é a polarização de uma vida em direção a uma meta determinada-indeterminada, da qual ela não tem nenhuma representação e que só reconhece no momento de atingi-la (M-P, 1994, p. 598). Existir significa expressar certo estilo que figura em tudo que pensamos e fazemos, e graças à estrutura psicológica e histórica total, que nos constitui, é que podemos ser, de algum modo, livres.

Comentários

Uma fenomenologia radical

M-P desenvolveu uma fenomenologia radical ao levar o exame do fenômeno às suas raízes na subjetividade corporal que se mantém em troca dialética contínua com o mundo e com outras subjetividades encarnadas. Em sua terceira crítica, a do julgamento, Kant já havia se livrado da bifurcação cartesiana da condição humana e sua consequente restrição da intencionalidade. Husserl, no entanto, censurou a filosofia kantiana por tornar "o mundo imanente ao sujeito, em lugar de admirar-se dele e conceber o sujeito como transcendência em direção ao mundo". Entretanto, todo o mal-entendido de Husserl, inclusive consigo mesmo,

> provém do fato de que, justamente para ver o mundo e apreendê-lo como paradoxo, é preciso romper nossa familiaridade com ele, e porque essa ruptura só pode ensinar-nos o brotamento imo-

tivado do mundo. O maior ensinamento da redução é a impossibilidade de uma redução completa. Eis por que Husserl sempre volta a se interrogar sobre a possibilidade da redução. Se fôssemos o espírito absoluto, a redução não seria problemática. Mas, porque, ao contrário, nós estamos no mundo, já que mesmo nossas reflexões têm lugar no fluxo temporal que elas procuram captar, [...] não existe pensamento que abarque todo o nosso pensamento. (M-P, 1994, p. 11)

Outros filósofos, na tradição fenomenológica, segundo Langer (1989, p. 150), também não desenvolveram uma reflexão radical. Hegel, por exemplo, na *Fenomenologia do espírito* (1967), declarou que a certeza sensória não é consciente de que sua essência é a abstração vazia do puro ser; e que, para nós ou em si mesmo, o *qua* princípio universal é a essência da percepção. Contra essa abstração, os momentos distinguíveis – aquele que percebe e aquilo que é percebido – são inessenciais, pois o Espírito é o conteúdo da experiência e o alvo de seu processo de corporificação é o Conhecimento Absoluto ou o Espírito que se conhece como Espírito.

Ainda em Heidegger, Langer continua, a primazia não foi colocada na realidade humana, pois, para ele, a essência do homem é essencial para a verdade do Ser. Embora a essência do homem esteja no estar-no-mundo, por mundo, o filósofo queria significar a clareira do Ser, da qual o homem está fora por sua própria essência. M-P, por seu lado, propõe a substituição dessas reflexões em prol de um retorno a nossa experiência concreta, apresentando na fenomenologia um método para que isso se torne possível, por meio da crítica ao dualismo da objetividade e subjetividade, pela análise do corpo, do pensamento, do tempo, da intersubjetividade e da liberdade.

"Atrás da oposição entre realismo e idealismo [...] esconde-se na verdade uma estreita cumplicidade, os dois lados não sendo senão expressões tardias de um único e mesmo pressuposto que, de resto, orienta a filosofia do entendimento desde sua origem: a ideia do ser como plenitude absoluta ou absoluta positividade, segundo a qual o ser ou bem comporta tudo, ou então não é nada" (Martins, 2010, p. 471). Para M-P, ao contrário, estamos no mundo natural e social e nos sentimos em casa nele, mas, ao mesmo tempo, imersos na ambiguidade e indeterminação, porque nosso estar-no-mundo tem um final em aberto. Mantemos um vínculo pré-reflexivo com as coisas e com os outros, de onde nossas faculdades expressivas extraem seu poder. Participamos do projeto do mundo, na dialética do condicionamento e da liberdade.

A descrição fenomenológica da percepção em M-P começa no mundo cotidiano, com seus significados adquiridos e na consciência de um mundo significativo já estabelecido. Entretanto, a fenomenologia radical promove um mergulho da consciência à sua inerência primordial em um corpo para extrair disso troca pré-reflexiva por meio da qual os objetos se constituem como tal. Mas de onde vem essa inerência da consciência no corpo e no mundo e qual é a fonte do significado?

M-P ensaia suas respostas na investigação da expressão e da fala, quando considera a diferença entre fala originária e comunicação cotidiana (*fala falante* e *fala falada*). Na primeira, um significado radicalmente novo nasce a partir de um silêncio amorfo primordial. Há uma abertura crescente na plenitude do ser, algo que intuímos pela linguagem e que conduz a toda expressão autêntica. Assim também o corpo se ajusta à luz, para poder ver, e se transplanta integralmente nos objetos de que faz uso, o que é perfeitamente evidente na integração plena do corpo com o instrumento com que os músicos são conduzidos pela magia encantatória da música. Essas são explorações implícitas do vínculo paradoxal do humano com o primitivo, dos interstícios em que a língua se origina no silêncio de uma consciência primária.

Em suma, para fazer uso da síntese formulada por Falabretti (2010, p. 526), "contra todas as determinações fisiológicas e sociais da percepção, Merleau-Ponty se afasta da noção de consciência representativa em favor de uma consciência primitiva que encontra na percepção a sua operação mais imediata, mais embrionária. A consciência perceptiva não é pura negatividade que recebe de fora as estruturas". Estas, por seu lado, não estão acabadas, como também não estão claras e definitivamente presentes à consciência, "mas já estão como que pré-figuradas na medida em que a consciência é, antes de tudo, uma rede de intenções significativas que se abre ao mundo e ao Outro".

O que é de grande importância para o presente livro, no qual a fenomenologia de M-P se apresenta como uma das facetas da percepção – fundamental é certo, mas *uma* entre duas outras – é que sua descrição passo a passo de nossa inerência primordial no mundo vai abrindo caminho para uma visão explicitamente ecológica do ambiente vivido, justamente o que iremos encontrar na pele de outro autor, J. J. Gibson, cuja obra será examinada no próximo capítulo. Antes disso, vale a pena concluir este capítulo com um breve balanço do papel da fenomenologia da percepção em relação a outros trabalhos de M-P, alguns infelizmente inacabados.

Após a fenomenologia

A relação da *Estrutura do comportamento* ([1944] 2002), a primeira obra de M-P, e da *Fenomenologia da percepção* com todos os trabalhos que vieram depois dessas obras tem sido objeto de muitas interpretações controversas por parte dos comentadores de M-P (ver sobre isso, por exemplo, Ferraz, 2009, p. 11-20). Aliás, M-P foi o primeiro a realizar a autocrítica de sua fenomenologia, ao se dar conta de que nela ainda persistiam resíduos do dualismo consciência (sujeito)-objeto, justo o que mais lutou por evitar. Daí que, em sua última obra, O *visível e o invisível* ([1964 1992]), tenha buscado refinar seus dois primeiros livros, introduzindo considerações ontológicas que faltaram em sua fenomenologia de modo a superar os remanescentes de uma filosofia da consciência que nela sobraram (Schmidt, 1985, p. 7).

Não obstante as controvertidas versões concernentes às mudanças operadas em muitos dos aspectos da fenomenologia da percepção, parece-me ponderada e lúcida a posição de Ferraz (2009, p. 180), quando recusa "a interpretação de que haveria um primeiro estágio, em que M-P se filia irrestritamente à fenomenologia, e um segundo, no qual ocorreria uma ruptura inexorável".

De fato, o que é certo é que, depois de sua magna obra, enquanto viveu, M-P passou a se endereçar, cada vez mais (ver M-P, 1960a, 1960b, 1969), àquilo que, em seu último livro, ele viria chamar de ontologia do ser e do logos selvagem e bruto, uma ontologia pela qual pretendia reconsiderar, aprofundar e retificar sua fenomenologia, solidarizando a filosofia com a arte e a literatura. O mundo engloba não só o visível, mas também as subestruturas invisíveis do ser bruto, o silêncio do qual extraímos qualquer ato de expressão autêntica. A verdade fala na expressão originária que brota do silêncio do logos. O significado é invisível, mas só pode aparecer dentro do visível, especialmente quando o pintor transmuta o visível numa visão que se dá no quiasma entre o olho e a mente.

Ferraz (2009, p. 212) defende que, embora M-P tenha retomado em seu último livro alguns dos principais temas da fenomenologia, o que ele nos oferece, ao fim e ao cabo, não é mais uma análise fenomenológica, e sim "uma interrogação ontológica que chega mesmo a romper com alguns princípios da fenomenologia". Assim, quando alguns temas fenomenológicos são retomados, isso não ocorre em prol de uma nova análise fenomenológica, mas "porque o filósofo se preocupa em recuperar algumas teses da *Fenomenologia da percepção* no contexto de uma nova ontologia".

Da fenomenologia a uma ecologia da percepção

Seja como for, o que me interessa evocar neste final de capítulo é a hipótese inspirada em Langer (1989) de que a fenomenologia da percepção abre caminho para uma ecologia da percepção. Essa abertura já se insinua na postulação de M-P de que

> a atividade perceptiva implica que o mundo não é algo alheio à subjetividade e sim um campo de eventos cujos padrões de organização são esposados harmonicamente pelos poderes do corpo. Tal harmonia é fundada [...] em um pacto ou contrato estabelecido *naturalmente* entre o corpo e o mundo de modo que a percepção sempre apreende significativamente os eventos mundanos com que se depara. (Ferraz, 2009, p. 38)

Nessa constatação e no trecho que a ela se segue, já parece se insinuar o famoso conceito de *affordance* de J. J. Gibson, como será visto no próximo capítulo. Mas continuemos com a ideia de M-P, tal como enunciada por Ferraz

> Toda configuração particular de dados sensíveis exige e recebe uma sincronização corporal correspondente pela qual se apresenta *como* um fenômeno significativo, quer dizer, *como* recons-

tituição de um evento mundano. Esse resultado ocorre porque o corpo próprio, sistema de funções pré-pessoais, porta um *projeto geral do mundo*, um repertório perceptivo-motor capaz de sincronizar-se com *toda situação factual possível*. (Ferraz, 2009, p. 38)

A mesma ideia é parafraseada em outra passagem que aqui transcrevo para que a abertura ecológica da fenomenologia de M-P fique ainda mais clara: "o que se manifesta fenomenalmente é uma perfeita reconstituição do ser do mundo, decorrente das sincronizações de atitudes perceptivo-motoras ante as solicitações sensíveis. Tal perfeição seria fundada em um pacto natural, segundo o qual as propriedades pelas quais as coisas e os eventos se organizam são exatamente aquelas apreendidas pela subjetividade" (Ferraz, 2009, p. 55). Portanto, completa Ferraz (2009, p. 120), "não é em decorrência da atividade perceptiva que se deve definir o ser como percebido, [...] mas sim porque *em sua própria arquitetônica a natureza é sensível e se abre para visadas perceptivas*".

Essa oferenda do mundo à percepção é um aspecto da fenomenologia que não se perdeu até o último livro de M-P. Aliás, só se acentuou nas pesquisas que subsidiaram seu estudo sobre a natureza, que veio a público mais recentemente (1995). A crítica cada vez mais aguda à filosofia do entendimento, sobre a qual o pensamento operatório da ciência está fundado, conduziu M-P à "revisão radical das categorias com as quais o ser natural era tradicionalmente tratado". Assim, sua "investigação do conceito de natureza surge como propedêutica para uma autêntica ontologia. Esta desempenhou um importante papel na superação dos pressupostos reflexionantes da fenomenologia" (Martins, 2010, p. 470).

Neste ponto, é preciso notar, como o faz Ferraz (2009, p. 133), que "o filósofo sempre sustentou um diálogo fecundo com as disciplinas científicas de seu tempo e sempre se serviu dos resultados destas últimas para alimentar sua reflexão". Realmente, ao contrário de muitos fenomenólogos de estirpe heideggeriana, sem privar a filosofia de sua autonomia, M-P nunca a concebeu como alheia ou acima da ciência (ver também, Matthews, 2006). As notas de aulas, que ele deu na segunda metade dos anos 1950 e que contêm seu estudo sobre a natureza, antes mencionado (M-P, 1995), atestam seu interesse e conhecimento de várias pesquisas em biologia, sobre as quais assentou seu conceito de "carne", conceito que livrou M-P de qualquer dicotomia entre matéria e mente na base de sua nova ontologia.

Apoiada no brilhante artigo de Stjernfelt (2006) sobre a leitura de Von Uexküll, realizada por M-P, encontro no conceito biológico de *Umwelt* (meio ambiente), tal como absorvido por M-P, uma boa munição para a hipótese de uma abertura da fenomenologia para uma ecologia da percepção.

Uexküll não entendia o *Umwelt* como meramente o ambiente físico e biológico de um organismo, e sim como um mundo subjetivo que consiste do campo perceptivo específico desse organismo e a esfera de sua interação prática com o exterior. Apenas os fatores perceptivos e operacionais do ambiente formam um *Umwelt* significativo para a sobrevivência de um organismo. Qualquer organismo constitui seu próprio ambiente definido por sua percepção e possibilidades de ação, respectivamente, que se constituem em fases específicas no "círculo funcional" do comportamento desse animal. Esse círculo do metabolismo estende-se para cobrir um segmento de círculo externo que ocorre fora do corpo e que é necessário para fechar o círculo do metabolismo: aquele de localizar e manter a nutrição.

O *Umwelt* não se encontra apenas no nível do organismo como um todo, mas em cada órgão de um corpo. Os animais superiores, graças ao sistema nervoso central, possuem um mapa interior representativo do ambiente circundante, o que facilita a abertura do *Umwelt*. Assim, animais superiores têm órgãos sensórios capazes de se mover, o que lhes permite explorar o mundo ativamente.

> Essa mobilidade dos órgãos sensórios como que produz um curto-circuito no ciclo funcional e habilita o animal a aumentar a precisão e diminuir a granularidade temporal da relação com o *Umwelt*. Isso implica correlativamente "as possibilidades de objetos"; o animal pode distinguir sua própria posição espacial, por exemplo, contra a gravidade, uma habilidade que só se torna completa com um sistema adequado de propriocepção. (Stjernfelt, 2006, p. 27)

Na leitura de M-P, a noção de um organismo equipado com *Umwelt* é mais básica do que a consciência, pois aquele se constitui em pré-requisito para a consciência. Mais do que isso, a consciência é apenas uma das formas que o comportamento toma. Apropriando-se da metáfora da melodia para explicar o *Umwelt*, uma metáfora já presente em Uexkül, na interpretação de M-P, o *Umwelt* é uma melodia que canta a si mesma. O *Umwelt* se solta de um tempo puramente físico, atual, rumo ao futuro, na medida em que desarranja a relação de causa e efeito e cancela a dominância dos fins sobre os meios, da essência sobre a existência. Assim, o *Umwelt* adquire um caráter ideal, não no sentido subjetivista, e sim oposto à atualidade da existência presente. Como uma melodia, o *Umwelt* persiste acima das vicissitudes de um único momento.

Desse modo, o comportamento não pode ser estudado momento a momento, mas como um todo significativo que se estende no tempo, envolvendo um processo de auto-organização entre organismo e ambiente. Essas interpretações que M-P realizou de Uexkül foram enriquecidas pelas leituras que fez de outros biólogos e que o levaram a conceber que o comportamento corporal já se instala na morfogênese. Daí a relativa plasticidade dos comportamentos, que podem ser vistos como propriedades integradas a um organismo em si mesmo, tanto no nível externo como no interno.

De Adolf Portmann, M-P absorveu o conceito da aparência externa dos animais, a duplicidade entre ver e ser visto, extraindo provavelmente desse conceito o jogo que lhe foi tão caro do visível e invisível. Há alguns aspectos da aparência dos animais que são locais. Há outros que resultam de processos não localizados e caracterizam todo o animal e seu ambiente.

A reinterpretação merleaupontiana do conceito de instinto de Konrad Lorenz também é digna de nota. Para Lorenz, o instinto é sem objeto e apresenta um excesso cerimonial, ritualístico, em adição ao seu caráter funcional. Essa noção de ausência de objeto de Lorenz, segundo M-P, nada tem de mecânica. Ademais, o instinto, em muitos casos, é incompleto, necessitando de um preenchimento do ambiente, o que implica uma orientação aberta para o mundo circundante, especialmente em casos complexos nos quais a atualização do instinto exige uma construção do *Umwelt* com elaboração sistemática do mundo. É o fechamento e a abertura do instinto que o habilita a se transformar no cerne da construção simbólica.

Conforme Stjernfelt (2006, p. 33), as reflexões de M-P sobre a natureza apresentam as seguintes características:

a) ela se refere a possíveis estados futuros, transgredindo a pura atualidade da física, ao mesmo tempo que aponta para existência ontológica de possibilidades reais;
b) é pré-requisito para a categoria de sujeito e objeto;
c) apresenta uma relação sensório-motora primária com o mundo;
d) pode transgredir sua própria finalidade no comportamento, com um lado aberto que facilita a mera expressão e o uso de símbolos, já no caso de animais superiores.

Enfim, apesar de soar apenas como uma magna metáfora, uma licença poética do filósofo, o conceito merleaupontiano de "carne" está profundamente alicerçado em pesquisas biológicas das relações dos organismos com o ambiente, já nos níveis endógenos, literalmente da carne dos organismos interpenetrada na carne do mundo.

Capítulo 2

A ecologia da percepção

Falar em ecologia da percepção implica reportar-se obrigatoriamente ao fundador dessa teoria, James J. Gibson. Sua obra é extensa e passou por um nítido processo de evolução no decorrer dos cinquenta anos de sua carreira. Gibson pôs a público um grande número de artigos, mas é possível afirmar que o desenvolvimento de seu pensamento pode ser acompanhado nos três livros que publicou. No primeiro deles, *The perception of the visual world* (1950), ele propôs uma psicofísica da visão, um programa de pesquisa que diferia de modo marcante das práticas vigentes da psicofísica visual. Apesar de estar recheado de teses que Gibson rejeitaria mais tarde, o livro contém o cerne de uma teoria da percepção radicalmente original e que despontou em seu segundo livro, *The senses considered as perceptual systems*. Neste, Gibson opôs-se tanto à causalidade física quanto à mental, para tratar a percepção como a atividade unificada funcional dos observadores. Para isso, desenvolveu uma teoria inédita dos sentidos como sistemas perceptivos ativos, contra a ideia de que a percepção advém do estímulo externo sobre sentidos passivos.

O sistema perceptivo está em sintonia com as variações e invariantes do ambiente, uma informação que é ativamente buscada pela interação. Para Gibson, o ambiente contém informação objetiva na forma de invariantes que permitem o reconhecimento de propriedades das superfícies, objetos e assim por diante.

O coroamento de sua obra viria em 1979, com o livro *The ecological approach to visual perception* (aqui citado na edição de 1986). Em todo o livro, é enfatizada a importância do movimento de um observador no ambiente e das invariantes para a percepção. A contribuição mais importante do livro encontra-se no conceito de *affordance*, tudo aquilo que o ambiente oferece ao observador. Vejamos a seguir, nos detalhes que ele exige e merece, o desenvolvimento dos conceitos criados por Gibson até seu desabrochar nesse seu último livro.

A evolução da obra gibsoniana rumo à ecologia da percepção

De acordo com o histórico levantado por Lombardo (1987), um dos mais admiráveis especialistas da obra gibsoniana, em 1950, quando publicou seu livro seminal, Gibson estava bastante descontente com a noção dominante e reducionista de que o mundo físico consistia de partículas atômicas. Por isso, a partir de 1956, aliado a uma concepção evolucionária, adaptativa do animal em relação ao seu meio, passou a colocar ênfase em uma descrição molar do mundo físico. Então, de 1957 a 1961, Gibson alterou significativamente sua teoria psicofísica rumo a uma visão ecológica. Nos anos 1960, ele continuava a utilizar a nomenclatura "psicofísica" e os termos "estimulação" e "causa" ainda apareciam nas discussões sobre a base óptica da visão, mas essas palavras não apresentavam o mesmo significado que tinham em 1950, pois a teoria causal unidirecional da percepção, na qual o sentido desses termos fora plasmado, fora sumariamente rejeitada por Gibson.

A teoria ecológica não apagou simplesmente a teoria psicofísica anterior, mas absorveu-a em um contexto mais amplo. A fórmula "percepção é uma função da estimulação" desapareceu para dar lugar à percepção como função da habilidade de detectar informação. Da psicofísica, permaneceu na teoria ecológica a hipótese de que, se a percepção é verídica, então existe informação registrada, específica dos traços do ambiente percebido. Essa relação não ocorre porque a estimulação causa a percepção, mas porque a percepção envolve um processo ativo de ressonância à informação. Foi nesse ponto que a imagem retiniana, tão presente em todas as teorias da percepção visual, foi abandonada por Gibson em favor do "arranjo óptico", conforme esse conceito será explicitado oportunamente.

No lugar da imagem retiniana, a proposta de estímulo informativo começou a despontar. Em vez de estimulação óptica, informação óptica. Além disso, Gibson não diria mais que o sistema perceptivo recebe informação, pois não há uma sequência causal do ambiente à estimulação dos órgãos até o cérebro. Em lugar disso, os sistemas perceptivos ressoam a informação. Há uma unidade que se realiza na interface do animal com o ambiente por meio da ressonância à informação (detalhes sobre isso adiante).

Embora o papel desempenhado por aquele que percebe já estivesse presente na psicofísica gibsoniana, esse papel passou a adquirir proeminência maior de 1960 para frente. Foi nessa época que meio, substâncias e o *layout* da superfície – concebido como as propriedades geométricas das superfícies, tais como margens, cantos, inclinações, concavidades e convexidades – emergiram como conceitos fundamentais na constituição da ecologia da percepção. Para demonstrar como o contato e a compatibilidade entre percebedor e ambiente são possíveis, ambos tiveram de ser redefinidos em uma concepção ecológica e epistemológica da percepção que envolve um percebedor ativo e um ambiente informativo.

Em *A percepção do mundo visual*, o tratamento da percepção se dava por meio de uma descrição fenomenológica da experiência perceptiva. De 1957 em diante, em vez de oferecer uma resposta à questão "como as coisas aparecem?", a preocupação de Gibson, ao descrever fatores como movimento, forma e distância, passou a voltar-se para "o que há para ser visto?". Assim, a descrição do ambiente como ponto de partida substituiu a fenomenologia (Lombardo, 1987, p. 250). Rompendo com a ideia de que a percepção está confinada ao presente instantâneo, também é digna de nota, por essa época, a inclusão de "evento" e "sequência de eventos" como fatos perceptíveis. O ambiente passou a ser dividido em três classes: geográfico-natural, artificial e socioanimado, um ambiente relativo a formas móveis em lugar de formas sedentárias.

Nesse momento inicial do desenvolvimento da ecologia da percepção, esta já era definida como uma realização epistêmica ativa, voltada à sobrevivência em um ambiente estruturado e dinâmico. O ambiente é ontologicamente relativo ao percebedor e não há, em absoluto, uma separação entre mente e matéria, entre o percebedor e o mundo (Lombardo, 1987, p. 253).

Embora o tratamento do ambiente nos anos 1960 já envolvesse considerações sobre o animal e seu meio, foi só no fim dos anos 1970 que a noção de ambiente tornou-se decididamente ecológica. Vida animada passou a ser compreendida como "modo de vida" (percepção e comportamento), à qual a ideia de entorno e ambiência se encontra atada. Vida animal só existe no interior de um contexto ecológico. Por isso, o ponto de partida da ecologia encontra-se no conceito de reciprocidade dinâmica do animal e do meio.

Aliás, a reciprocidade já abria o livro *The senses considered as perceptual systems* (Gibson, 1966). Neste, o conceito ativo e funcionalmente integrado de "sistemas perceptivos" foi introduzido como uma alternativa à teoria dos sentidos como órgãos que funcionam como canais sensórios, teoria popular na anatomia e fisiologia tradicionais. Sistemas perceptivos são ativos e não passivos, obtêm informação em lugar de um mero *input* de modo que a percepção envolve uma atividade exploratória que varre, orienta e seleciona (mais detalhes a seguir). Disso decorre que a estimulação efetiva é contingente aos processos psicológicos. Mas, nos "sistemas perceptivos", o ambiente ainda era tratado como "aquilo que é percebido" e "a fonte da estimulação", enquanto, mais tarde, o ambiente veio a ser parte de um ecossistema, aquilo que permite a vida animal.

Em síntese, Gibson começou unindo traços do funcionalismo, da psicofísica e da fenomenologia gestáltica. Ao desenvolver um modelo integrativo, livrou-se de quaisquer resíduos do empiricismo e nativismo tradicionais e sua ecologia da percepção passou a funcionar como uma crítica frontal contra o behaviorismo e também contra as teorias de processamento de informação. Em seu entender, sua proposta foi nova para todo o campo da psicologia. Rejeitou, antes de tudo, a fórmula do estímulo e resposta, que, apesar de ter encontrado uma boa saída para a psicologia livrar-se da ideia de alma, é uma fórmula que nunca funcionou de fato. Nem mentalismo, de um lado, nem behaviorismo de resposta condicionada, de outro.

A síntese que Gibson (1986, p. 2) nos oferece do perfil de sua teoria na fase madura é bastante esclarecedora. Primeiro, "o ambiente tem de ser descrito", diz ele. "O que há para ser percebido tem de ser estipulado, antes que se possa falar sobre percebê-lo." Esse mundo não pertence à física, mas à ecologia.

"Segundo, a informação disponível à percepção em um meio iluminado deve ser descrita." Não se trata aí apenas de luz para estimular os receptores, mas sim de uma informação na luz que pode ativar o sistema. Para descrevê-la, não se recorre à óptica clássica, mas sim à óptica ecológica. Óptica é a ciência da luz, mas a ciência da visão também é chamada de óptica, uma diferença que nem sempre é esclarecida. Gibson (1986, p. 47) distingue três tipos de luz: a luz como energia física, a luz como estímulo para a visão e a luz como informação para a percepção. A óptica ecológica diz respeito à informação disponível à percepção e, como tal, difere da óptica física, da óptica geométrica e da óptica fisiológica. A óptica ecológica atravessa essas três, empresta elementos de todas, mas avança além delas.

"Terceiro (e só aqui penetramos no terreno da psicologia propriamente dito), o processo da percepção deve ser descrito." Este não se reduz ao processamento de *inputs* sensórios, mas, sim, remete à extração de invariantes do fluxo de estímulo. Portanto, "é rejeitada a velha ideia de que os *inputs* sensórios convertem-se em percepções por operações da mente".

Assim, Gibson introduziu outra maneira de pensar sobre a percepção. O tratamento que deu àquele que percebe e ao ambiente percebido difere de outras teorias. Entre observador e mundo não há uma distinção em termos absolutos; não existem unidades naturais últimas; os processos perceptivos não se dão em cadeias lineares; os elementos não são contextualmente independentes; o tempo não é uma série disjunta de instantes presentes imediatamente evanescentes; o espaço não tem precedência sobre o tempo; conhecimento e vida não são processos exclusivamente intrínsecos ao animal-observador. Ao contrário, processos ecológicos e psicológicos estão imbricados; a estrutura espacial é um imbricamento multigranulado de unidades que se sustentam mutuamente; o tempo tem extensão, ordem e se apresenta tão diretamente quanto o espaço; o animal-observador e o ambiente físico são recíprocos em um ecossistema integrado.

Em suma; a ecologia perceptiva de Gibson introduz uma visão inteiramente nova dos processos perceptivos. Os conceitos que essa teoria articula são originais e devem ser cuidadosamente compreendidos para evitar equívocos interpretativos. Tendo isso em vista, a seguir, passo a explicitar brevemente alguns dos conceitos mais fundamentais.

Conceitos fundamentais da ecologia da percepção e suas articulações

Como está explícito no título do livro *The ecological approach to visual perception* (*A abordagem ecológica da percepção visual*, [1979] 1986), Gibson desenvolveu uma teoria da percepção visual. Não é minha intenção adentrar os detalhes da visualidade, mas, sim, captar os fundamentos de uma teoria geral da percepção ecológica que estão na base dos conceitos. Não se pode evitar, contudo, a passagem por alguns conceitos que são estritamente visuais. A sequência da apresentação adiante seguirá o roteiro que o próprio Gibson indicou e que, de fato, é a mais coerente quando se lê sua obra não no sentido cronológico, mas do ponto de vista que sua maturação nos dá, a saber: primeiro o ambiente, em seguida, a informação que o ambiente disponibiliza, por fim, os sistemas perceptivos e a constituição da percepção.

Ambiente vital *versus* espaço físico

O ambiente é aquilo que é percebido. É também a fonte de estimulação necessária à percepção. Esta implica a compreensão de como a estimulação vinda do ambiente pode especificar o ambiente. Como o ambiente pode ser conhecido, por que ele é inteligível? Eis o que Gibson estava buscando explicar. Em seu livro sobre o mundo visual (1950), um novo nível de análise já estava posto para a questão da estimulação. Nos sistemas perceptivos (1966), a estrutura do estímulo foi complementada com a introdução do ambiente e do percebedor. Isso evoluiu para a análise da estrutura do ambiente, pois esta determina a estrutura e a ecologia da estimulação. O ambiente se constitui das condições em que a vida evoluiu, dos modos de vida e das oportunidades oferecidas para isso.

De acordo com a tradição, o ambiente é concebido em sua realidade física e dividido em matéria, energia e interação de partículas elementares. Para a física clássica, o universo consiste de corpos no espaço. Por isso, somos tentados a pensar que vivemos em um mundo de corpos no espaço e o que percebemos são corpos no espaço. Se nos movemos para o nível das relações ecológicas, entretanto, encontramos meios, substâncias, superfícies e *layout* de superfície.

Gibson (1986, p. 16-32) explicita tais relações com exatidão. Nosso planeta é composto basicamente de terra, água e ar. Estes são os meios, uma noção bem distinta da noção física de espaço. Entender meio significa compreender de maneira inteiramente nova a percepção e a ação. O meio em que o animal se move é também o meio para a luz, o som e o cheiro. Um animal não se locomove a esmo. Sua locomoção, via de regra, é guiada ou controlada – pela luz, se o animal pode ver, pelo som, se pode ouvir, pelo odor, se pode cheirar. A iluminação o faz ver, o som o faz ouvir e a difusão o faz cheirar. O meio, portanto, contém informação sobre as coisas que refletem luz, vibram ou são voláteis. Detectando essas informações, o animal guia e controla sua locomoção. O meio em que se move é, ao mesmo tempo, o meio para a luz, para o som e para o odor provenientes de fontes do ambiente.

Um meio circunscrito pode estar cheio de luz, som e cheiro. Qualquer ponto do meio é um possível ponto de observação para qualquer percebedor que pode ver, ouvir e cheirar.

> E esses pontos de observação estão continuamente conectados uns aos outros por passos da possível locomoção. Em vez de pontos e linhas geométricos, temos pontos de observação e linhas de locomoção. Na medida em que o observador se move de um ponto a outro, as informações ópticas, acústicas e químicas modificam-se correspondentemente. Cada ponto de observação no meio é único sob esse aspecto. (Gibson, 1986, p. 17)

Outras características importantes do meio ambiental são atmosfera e gravidade. Todos esses fatos são consistentes com a física, a mecânica, a óptica, a acústica e a química, mas são fatos de ordem mais alta, ecológica.

Consideremos agora as porções do ambiente que não transmitem luz ou odor e que não permitem a locomoção. Essas porções são feitas de matéria em estado sólido ou semissólido. Gibson as chama de substâncias. Assim são as rochas, solo, areia, madeira, mineral etc. São complicados compostos e agregados. Não tendem à homogeneidade como os meios, mas oferecem possibilidades diferenciadas para a ação dos animais: comer, manipular, manufaturar etc.

A interface entre quaisquer dos três estados da matéria – sólido, líquido e gasoso – constitui uma superfície. A terra-água, no fundo de um lago, é uma superfície. A água-ar no topo do lago, outra superfície. A mais importante para os animais terrestres é a terra-ar, que Gibson chama de chão (*ground*). O meio é separado das substâncias do ambiente pelas superfícies. As superfícies persistem na medida em que as substâncias persistem. Todas as superfícies têm certo *layout* que também tende a persistir. Para se completar, a descrição do ambiente deve incluir o fluxo reverberante da luz no meio, o modo como a luz é absorvida e refletida nas superfícies e o modo como essa ação depende da composição das substâncias.

É nas superfícies que ocorre a maior parte das ações. A superfície é o que toca o animal, é onde reações mecânicas e a vaporização ou difusão das substâncias ocorrem e onde vibrações das substâncias são transmitidas no meio. As propriedades da superfície podem permanecer ou mudar e são o *layout*, a textura, a propriedade de estar iluminada ou na sombra, a propriedade de refletir certa fração da iluminação que cai sobre ela.

A teoria gibsoniana do *layout* da superfície é uma geometria aplicada, apropriada ao estudo da percepção e do comportamento. Na sequência das explanações providenciadas por Gibson (1986, p. 33-44), o chão (*ground*) é evidentemente a superfície da terra, perpendicular à força da gravidade e funciona como a superfície de referência para todas as outras superfícies. Um ambiente aberto é um *layout* que consiste apenas da superfície da terra, cuja horizontalidade tem sua realização ideal no deserto. Normalmente, a superfície da terra é enrugada por concavidades e convexidades. Há um grande número de *layouts* de superfície: lugares, fissuras, objetos soltos, objetos ligados etc. Mas a principal característica da superfície é aquela de defrontar uma fonte de iluminação e um ponto de observação.

Em síntese, o *layout* de superfície é descrito por Gibson na geometria sólida opaca. A introdução da luz e da óptica ecológica traz consigo a ecologia estrutural da energia e da matéria (Lombardo, 1987, p. 308). Assim, o ambiente é composto de faces, margens e fronteiras das superfícies e não em termos de pontos ou objetos no espaço. A estrutura ambiental projeta-se em um meio cheio de luz, como descontinuidades na intensidade óptica e na composição espectral. Os animais se movem nas superfícies através do ar, o meio permite a locomoção e dá suporte ao agir. Por ser transparente, o ambiente permite o fluxo de estimulações.

O ambiente para um observador consiste de substâncias, o meio e as superfícies. A gravidade, a luz, o calor, o som e as substâncias voláteis preenchem o meio, de modo que o observador está imerso em um mar de energia física, um mar flutuante, pois este passa por ciclos de mudança, especialmente de temperatura e iluminação. Assim composto, o ambiente apresenta múltiplos níveis de estrutura, cujas unidades menores imbricam-se em unidades maiores, tanto temporal quanto espacialmente. Há uma hierarquia nos imbricamentos (*nestings*). Todavia, não se trata de uma hierarquia categorial, mas cheia de transições e de sobreposições.

O princípio guia da investigação ecológica é que o ambiente acolhe o animal, oferece-se ao animal. O ambiente é o entorno dos organismos que percebem e agem, ou seja, os animais. Estes e o ambiente formam um par inseparável. Um implica o outro. Essa mutualidade não é considerada pela física. Seus conceitos básicos de espaço, tempo, matéria e energia não levam naturalmente ao conceito de organismo e ambiente, da espécie e seu habitat. Por isso, a física não trabalha com a noção de que o ambiente para um organismo vivo é distinto de um conjunto de objetos como ambiente para um objeto físico. Todo animal é, até certo ponto, um percebedor e um agente. Ele percebe o ambiente e age nele. Isso não quer dizer que ele percebe o mundo da física e age no espaço e tempo da física (Gibson, 1986, p. 8).

Distinta da física, a ecologia lida com os níveis de estrutura relevantes à vida. O conceito de ambiência implica algo que é envolvido e algo que envolve, e a informação atua nessa reciprocidade. Por isso, ambiência é uma noção nuclear para Gibson, pois ela denota que o ambiente circunda os animais. É, portanto, uma propriedade ecológica relativa a criaturas que se movem. Nesse ponto, surge o conceito básico de ecossistema. Mas ambiente é mais geral quando concebido como aquilo que permite a vida animada. Da mobilidade como traço essencial do ser vivo, é derivada a unidade dinâmica básica do ambiente: os eventos.

Espaço e tempo: superfícies e eventos

Diferentemente de Newton, para o qual espaço e tempo são continentes absolutos, nos quais matéria e movimento existem, Leibnitz propôs que não há espaço independente e transcendente de arranjos reais e não há tempo independente de sucessões reais. Numa linha de pensamento similar, para Gibson, as abstrações do espaço e do tempo vazios não são ecologicamente reais e não podem ser percebidas. Sua orientação básica era holística. O mundo físico possui organização inerente. Não é feito de átomos no vazio. Isso não levou à rejeição gibsoniana da análise e das partes, pois estruturas finas estão imbricadas em estruturas globais. Há invariantes espaciais e temporais no ambiente, responsáveis pela estabilidade e moldura para a vida. A gravidade e o contraste da terra e do céu são invariantes espaciais básicas e os ciclos sazonais e diários são invariantes temporais. São, porém, contrastes invariantes e relações de diferenças, pois as invariantes são relativas em um mundo onde nada é absolutamente permanente, de modo que o ambiente exibe uma variedade de transformações.

O que existe, na realidade, é o binômio inseparável da persistência e mudança. Há três tipos principais desse binômio: ambiental, produzida pelos animais, e aquelas que resultam de funções da relação entre animal e ambiente. O *layout* de um lugar particular é relativamente permanente, mas suas características podem exibir mudanças, algumas de tempo limitado (estações do ano, variação na vegetação), outras de longo tempo (erosões, elevações etc.).

O que a ecologia gibsoniana rejeita é o elementarismo unilateral da física reducionista. Por isso, o espaço vazio foi substituído por superfície e o tempo vazio, por eventos. Relações espaciais estão encarnadas em relações entre superfícies particulares e relações temporais estão corporificadas em eventos particulares.

> Os objetos não preenchem o espaço, pois não há espaço vazio. As superfícies persistentes do ambiente emolduram a realidade. O mundo nunca foi vazio. Já o meio, a região na qual movimento e locomoção podem ocorrer, onde a luz pode reverberar e as superfícies podem ser iluminadas, isso deveria ser chamado de "local" (*room*), mas não de espaço. As superfícies e seus *layouts* são percebidos, o espaço não. (Gibson, 1986, p. 100)

Assim como as superfícies em lugar de espaço, a obra gibsoniana enfatiza eventos, ciclos e mudanças no nível terrestre do mundo físico em detrimento do tempo como tal. O fluxo do tempo abstrato e vazio, por mais útil que possa ser para os físicos, não tem realidade para o animal em seu modo de vida. Não percebemos tempo, mas processos, mudanças, sequências. Isso não significa negar a consciência humana do tempo do relógio, o tempo socializado. Mas essa é outra história.

"Do mesmo modo que a realidade física tem estrutura em todos os níveis da medida métrica, ela também tem estrutura em todos os níveis da duração métrica. Processos terrestres ocorrem no nível intermediário da duração. Eles são as unidades naturais da estrutura sequencial." Unidades menores estão imbricadas em unidades maiores, eventos dentro de eventos, formas dentro de formas. Nada disso se assemelha a unidades elementares da estrutura temporal (Gibson, 1986, p. 12).

O fluxo dos eventos ecológicos distingue-se da passagem do tempo homogênea e linear da física newtoniana. Para Newton, o tempo matemático absoluto e verdadeiro, por si mesmo e por sua própria natureza, flui igualmente e sem relação com qualquer coisa externa. Para Gibson (1986, p. 100), isso não passa de um mito conveniente, que assume que os eventos ocorrem no tempo e que o tempo é vazio exceto quando preenchido. Esse modo de pensar "coloca a carroça na frente dos bois". Ao contrário, devemos começar a pensar nos eventos como realidades primárias e o tempo como uma abstração a partir deles. Eventos são percebidos, o tempo não.

Enquanto o movimento físico refere-se a coordenadas vazias (a velocidade é analisada no deslocamento espacial por unidade de tempo), eventos ocorrem em um contexto ecológico. Estes fluem de modo heterogêneo e diferenciado em partes. Enquanto os eventos físicos compõem-se de movimentos rígidos e uniformes de velocidades determinadas, os ecológicos têm começo e fim, são fluidos e semielásticos, com mudanças descontínuas abruptas. Eventos possuem uma estrutura sequencial, os mais curtos imbricados nos mais longos. Há recorrência e repetição de eventos, de acordo com frequências ou taxas, de modo que existem leis ou regularidades nas mudanças ecológicas. No lugar de formas transcendentes, portanto, Gibson buscava a ordem corporificada em particulares concretos e naturais.

Eventos ecológicos, distintos dos eventos microfísicos e astrológicos, ocorrem no nível das substâncias e das superfícies que as separam do meio. Substâncias diferem por sua rigidez e pelo grau em que suas superfícies resistem à deformação. "Entre as superfícies das nuvens, num extremo, e a das rochas, no outro, encontram-se os líquidos, as substâncias viscosas e viscoelásticas e as substâncias granulares cujas superfícies são intermediárias entre esses extremos em sua resistência à deformação" (Gibson, 1986, p. 93).

Para completar, na ecologia gibsoniana, o tempo também não é outra (a quarta) dimensão do espaço, tal como a física assume por questão de conveniência matemática. Subjacente à dimensão do tempo, encontra-se a ordem sequencial dos eventos e subjacente à dimensão do espaço encontra-se a ordem adjacente dos objetos ou das partes da superfície. Ordem sequencial não é comparável nem análoga à ordem adjacente. A ordem dos eventos não pode ser permutada, mas a ordem das partes pode. "É possível rearranjar os objetos em uma sala, mas não os acontecimentos que ocorrem nela" (Gibson, 1986, p. 101).

Há três variedades principais de eventos: mudança do *layout* de superfície (quedas, fluxos, movimento animado), devida a forças mecânicas; mudança da textura ou cor da superfície (a maturação das frutas, troca na cor da pele), devida a mudanças de composição; e mudança na existência da superfície (dissolução, derretimento), devida a mudanças no estado da matéria (Reed, 1988, p. 288). Além de serem as realidades primárias, os eventos são: recorrentes e não recorrentes, reversíveis e não reversíveis, imbricados. São também convidativos para comportamentos apropriados. Isso é chamado de "*affordance* dos eventos".

Affordance

A ênfase ecológica no ambiente constitutivo das condições nas quais a vida evolui levou Gibson a considerar as estruturas evolutivas e as capacidades das formas vivas e seus modos de vida. Nesse ponto, surgiu o conceito mais original e influente da ecologia da percepção, o conceito de *affordance*, um termo impossível de traduzir, sem perder a sutileza de seu sentido: a vida evolui de uma variedade de maneiras para tirar vantagem daquilo que o ambiente tem para oferecer. O verbo é *afford*, grosseiramente traduzido por "oferecer". O verbo *afford* é um vocábulo da língua inglesa, mas o substantivo não existia antes de Gibson inventá-lo.

O que o ambiente oferece? Ele oferece o terreno, tetos, água, fogo, objetos, ferramentas, outros animais e arranjos humanos, por exemplo. Como vamos das superfícies para as *affordances*? Se há informação na luz para a percepção das superfícies, há informação para aquilo que elas oferecem? A resposta de Gibson é que talvez a composição e o *layout* das superfícies constituem-se no que elas ofertam. É uma resposta radical, visto implicar que os valores de significados no ambiente podem ser diretamente percebidos, além de explicar que valores e significados são externos ao percebedor. Essa conclusão só vai ao encontro da e traz munição adicional para a tese que sempre acompanhou Gibson, a de que a percepção é direta. Os valores das coisas são percebidos imediata e diretamente, porque suas *affordances* para um observador são especificadas na informação do estímulo. "A hipótese da informação na luz ambiente para especificar as *affordances* é a culminação da óptica ecológica" (Gibson, 1986, p. 143).

Vejamos um exemplo de *affordance*. Se uma superfície terrestre é quase horizontal e plana, e suficientemente estendida, relativamente ao tamanho do animal e se a sua substância é rígida o suficiente em relação ao peso do animal, então essa superfície oferece suporte ao animal. É uma superfície de suporte que Gibson chama de substrato, chão ou piso. As quatro características antes citadas – horizontal, plana, estendida e rígida – são propriedades físicas de uma superfície que podem ser medidas com escalas e unidades padrões usadas na física. Como *affordances*, todavia, elas devem ser medidas em sua relação com o animal. Elas são únicas para aquele animal ou outros semelhantes. Não são meramente propriedades físicas abstratas.

Há, assim, uma espécie de compatibilidade entre a vida e o ambiente. Na ecologia, existe o conceito de nicho. Uma espécie animal ocupa certo nicho no ambiente. Isso não é o mesmo que habitat, pois o nicho se refere mais ao modo como o animal vive do que onde ele vive. Gibson (1986, p. 128) sugere que um nicho é um conjunto de *affordances*. A percepção implica um ambiente significativo revelando-se para o percebedor. As *affordances* são os significados dos traços do ambiente. É tudo aquilo que o ambiente oferece ao animal e inclui objetos manipuláveis, perigo, substâncias comestíveis, lugares para esconder-se, proteger-se do frio, do vento e do calor, o chão para pisar, andar, correr, as armas e os materiais para aquecimento. Tudo isso relativo às formas vivas e ontologicamente atado ao animal.

As *affordances* não são qualidades fenomênicas nem mentais. Também não são qualidades físicas. Elas não são intrínsecas, independentes e absolutas, mas sim fatos ecológicos pertencentes às funções do ambiente relacionadas ao animal. São, portanto, recíprocas a eles. Embora recíprocas, elas não são subjetivas ou contingentes aos humores e necessidades do animal. Existem como oportunidades, quer o animal se disponha a fazer uso delas ou não. Elas se apresentam como um potencial para a interação do animal com o ambiente. É o animal que age, mas assim o faz por meio da utilização de uma *affordance*, que, por seu turno, está indissociavelmente ligada ao animal.

Há *affordances* específicas para diferentes espécies animais. Mas há também *affordances* para todos os membros de uma forma básica de vida. Embora os animais e o ambiente sejam compostos de uma variedade de substâncias, é a dinâmica da interdependência que os liga em um ecossistema. Cada uma das *affordances* fundamentais – superfícies, margens, objetos, meio, eventos, substâncias e objetos animados – possuem múltiplas *affordances*, que têm por referência o animal e suas capacidades. Por exemplo, o fogo pode ser usado para cozinhar, para aquecer-se, para iluminar etc. As ações estão descritivamente atadas às *affordances*: um animal anda por uma superfície que o suporta, come uma maçã fresca e copula com um par cooperativo.

Antes que traços mais específicos do ambiente sejam percebidos, as *affordances* são detectadas, quer dizer, em seu patamar mais fundamental, o ambiente é percebido como *affordances*. Essa percepção é anterior à discriminação e à identificação e não envolve classificação ou conceitualização. A sobrevivência, em seu nível mais elementar, depende da percepção das *affordances*. Os animais vivem em nichos ecológicos que são modos potenciais de vida oferecidos pelo ambiente e o nicho é um conjunto de *affordances*. Estas podem ser positivas e negativas. Ao mesmo tempo que o ambiente dá suporte à vida, ele também inclui elementos que podem destruir a vida. Por isso, as *affordances* existem em um ecossistema dinâmico de vida e morte.

Gibson coloca muita ênfase no modo como o conceito de *affordance* mina a dicotomia entre objetivo e subjetivo. Historicamente, matéria e mente foram associadas a objeto e sujeito, respectivamente. Lombardo (1987, p. 347) lembra que Aristóteles acreditava que esses pares podem ser separados no pensamento, mas não na realidade. Modernamente, os dualistas passaram a separá-los tanto no pensamento como na realidade. Para Gibson, ambiente e animal, objeto e mente, são interdependentes e sua separação é inconcebível. O conceito de *affordance* veio trazer munição adicional para essa inseparabilidade.

Arranjo óptico ambiental

A teoria ortodoxa da imagem retiniana assevera que ela forma uma imagem do objeto no fundo do olho. O objeto encontra-se no mundo lá fora e o fundo do olho é uma superfície fotorreceptiva ligada a um feixe de nervos. Conforme Gibson (1986, p. 60), que a imagem retiniana é algo a ser visto pelo cérebro constitui-se em uma das mais sedutoras falácias na história da psicologia. Ele chama essa falácia de "o pequeno homem dentro do cérebro", segundo a qual o olho seria uma câmera no final de um cabo nervoso que transmite a imagem ao cérebro. Então, deveria haver um pequeno homem, um *homunculus*, sentado no cérebro, olhando para a imagem fisiológica. Mas esse homem deveria ter um olho para vê-la, a saber, um pequeno olho com uma pequena imagem retiniana conectada a um pequeno cérebro e assim *ad infinitum*. Diante dessa impossibilidade de a imagem retiniana ser transmitida *in totum* para o cérebro, surgiu a teoria de que ela é transmitida ao cérebro elemento por elemento, por sinais nas fibras do nervo óptico. Haveria, então, uma correspondência elemento a elemento entre a imagem e o cérebro, assim como uma correspondência ponto a ponto entre objeto e imagem. Resolve-se com isso o problema do pequeno homem, mas, para Gibson (1986, p. 61), surge aí outro problema, o das teorias da percepção baseadas em sensações.

> A correspondência entre os pontos de luz na retina e os pontos de sensação no cérebro só podem ser uma correspondência de intensidade à claridade e do comprimento da onda à cor. Se assim for, o cérebro tem de enfrentar a tremenda tarefa de construir um ambiente fenomênico a partir de pontos que diferem em iluminação e cor. Se é isso que é visto diretamente, que é oferecido à percepção, se esses são os dados dos sentidos, então o fato perceptivo é quase miraculoso.

Gibson ainda pondera que mesmo a teoria mais sofisticada, de que a imagem retiniana é transmitida como sinais nas fibras do nervo óptico, ainda mantém a implicação do pequeno homem, pois os sinais devem estar codificados e, assim, precisam ser decodificados. Sinais são mensagens e estas têm de ser interpretadas. Em ambas as teorias, o olho envia, os nervos transmitem e a mente recebe, implicando uma mente separada do corpo. Gibson nunca aceitou essas teorias. Ao contrário, pensou a visão como um sistema perceptivo de que o cérebro é apenas uma parte. Os olhos também são outra parte. "Os *inputs* retinianos levam a ajustamentos oculares e, então, *inputs* retinianos alterados, e assim por diante. [...] O sistema dos olhos-cabeça-cérebro-corpo registra as invariantes na estrutura do ambiente."

Nos anos 1940, Gibson estava convicto de que a distância no espaço é percebida ao longo de um terreno contínuo ou superfície. Assim, o caráter especial do mundo visual não se define por objetos, mas pela informação contida no chão sobre o qual os objetos repousam. Em seu primeiro livro (1950), considerava os gradientes de textura no chão correlatos geométricos precisos e afirmava que tais gradientes estavam ligados a gradientes similares encontrados na retina. São esses gradientes complementares que permitem aos humanos a percepção em profundidade. Gradientes correspondem ao aumento ou à diminuição de algo ao longo de um dado eixo ou dimensão (Gibson, 1950, p. 73). Estes incluem não apenas gradientes de textura, mas também do tamanho projetado dos objetos, da disparidade binocular, da ampliação de linhas internas e, mais importante, da deformação da imagem retiniana.

Sua preocupação, que já vinha dessa época, com as características da informação responsável pela percepção o levou a enfatizar o fato de que percepções no mundo real não envolvem um observador estacionário, fixando uma pequena luz no laboratório, mas um observador ativo que constantemente movimenta seus olhos, cabeça e corpo em relação ao ambiente, o que resulta em uma mudança constante da imagem na retina. Embora o movimento do observador possa causar um fluxo constante da imagem retiniana, há nela informações que permanecem constantes. A ideia dos traços invariantes do ambiente, introduzida com brevidade em 1950, iria se tornar um dos princípios centrais do pensamento de Gibson, permanecendo até a fase ecológica. Goldstein (1981, p. 192) nos apresenta cinco das mais importantes invariantes:

a) a densidade crescente da textura óptica, isto é, a constância dos gradientes de textura enquanto o observador se move;
b) os padrões flutuantes dos gradientes, ou seja, o movimento do observador provoca o fluxo da textura no ambiente, exceto no ponto em direção ao qual o observador se move. Por ser o centro do padrão de fluxo óptico, ele permanece constante;
c) a estrutura comum a duas visões sucessivas, a saber, na medida em que a pessoa se move no ambiente, suas visões, nos sucessivos pontos, sobrepõem-se, o que permite a percepção de uma cena contínua e coerente, mesmo na mudança;
d) a não disrupção das margens que cobrem ou descobrem. Isso significa que, na medida em que o ponto de observação muda, as superfícies do ambiente são vistas como se estivessem se movendo. Esse movimento é tradicionalmente conhecido como paralaxe do movimento, que resulta em uma progressiva disrupção dos componentes das superfícies que estão sendo cobertos (os componentes desaparecem da visão) ou descobertos (os componentes são expostos à vista). Para Gibson, a superfície responsável por cobrir e descobrir é não disruptiva e, portanto, é invariante;
e) *affordances* referem-se aos significados que os objetos oferecem aos observadores. A maioria desses significados permanece invariante em diversas circunstâncias (mais detalhes sobre isso serão dados oportunamente).

As invariantes não só fornecem a informação necessária à percepção, mas elas existem em uma forma que pode ser utilizada imediatamente, sem serem transformadas, processadas ou manipuladas de qualquer modo. O espaço e outras qualidades do ambiente são percebidos diretamente sem a ajuda de um processo mental interveniente. Afirmar que a percepção do ambiente é direta significa que ela não é mediada por figuras retinianas, nem por figuras neurais ou por figuras mentais. Percepção direta é a atividade de captar informação do arranjo ambiental de luz, ou seja, o *layout* em termos de invariantes. Portanto, a percepção é explicada por Gibson tomando por base os estímulos do ambiente, sem considerar o que acontece a esses estímulos quando eles entram nos olhos de uma pessoa (Goldstein, 1981, p. 193-194). Diz Gibson (1986, p. 149) que, desde o princípio, utilizava a psicofísica simplesmente para dar ênfase ao fato de que a percepção é direta e não indireta. Desejava excluir, com isso, o processo adicional de inferência ou construção. Em suas palavras:

> Queria dizer (ou deveria ter querido dizer) que os animais e as pessoas sentem o ambiente, não no sentido de terem sensações, mas, sim, de detectarem. Quando afirmei que um gradiente na imagem retiniana era um estímulo para a percepção, só queria dizer que era sentida como uma unidade; não era uma coleção de pontos cujas sensações separadas tinham de ser juntadas no cérebro. Mas o conceito de estímulo não estava claro para mim. Deveria ter afirmado que um gradiente é informação do estímulo. Pois ele é, antes de tudo, uma propriedade invariante de um arranjo óptico. Não deveria ter implicado que o percepto era uma resposta automática ao estímulo, como se pensa que uma impressão de sentido o é. Desde então, já havia me dado conta de que perceber é um ato e não uma resposta, um ato de atenção, não uma impressão acionada, uma conquista, não um reflexo.

Portanto, desde seu primeiro livro, Gibson já estava desenvolvendo uma aproximação holística para a estimulação, sugerindo que relações espaço-temporais deveriam ser consideradas estímulos visuais que providenciam estimulação com princípios inerentes de ordem. A imagem retiniana ordinal era tratada como um todo organizado e complexo, cujas partes eram vistas com relação à configuração do todo. A configuração do estímulo holístico era dada pelo conjunto de gradientes. Posteriormente, ele detalharia essa teoria holística, incorporando no mesmo esquema distância, localização, movimento, tamanho, forma e inclinação. Já estava pensando aí na necessidade de fundar uma nova disciplina chamada óptica ecológica, o que o fez em seu segundo livro sobre os sentidos (1966).

O conceito de imagem retiniana ordinal desse momento precedente veio a ser completamente abandonado em favor do arranjo óptico. Na introdução de seu livro sobre a ecologia perceptiva, Gibson ([1979] 1986, p. 1) evidencia a diferença entre sua concepção inicial e a evolução que ela sofreu: "minha explicação da visão era, então, baseada na imagem retiniana, enquanto agora ela se baseia no que chamo de arranjo óptico ambiental. [...] Quando nenhum constrangimento é colocado no sistema visual, nós olhamos em volta, andamos até algo interessante, e nos movemos em torno dele para vê-lo de todos os lados, e vamos de uma vista para a outra. Essa é a visão natural". Portanto, o processo perceptivo não se processa por *inputs* sensórios, mas pela extração de invariantes do fluxo de estimulação e a captura da informação só pode ocorrer quando a estimulação é ativamente obtida por observadores propositados. Isso significa rejeitar sumariamente a velha ideia de que *inputs* sensoriais são convertidos em percepções pelas operações da mente. Quando a estimulação é reduzida a meros *inputs*, a sensação pode ocorrer, mas não a percepção, pois esta se baseia na informação ecológica que é externa aos organismos e, distinta dos impulsos sensórios, é específica às fontes de seu ambiente.

No início, o arranjo óptico foi entendido como um feixe de raios, transições que entram nos olhos. Logo depois, toda menção aos olhos foi evitada, pois o argumento gibsoniano dirigia-se contra a hipótese de que a percepção visual baseia-se na imagem retiniana anatômica, uma hipótese que pressupõe uma forma de observação interior. Daí as teorias nativistas e empiricistas necessitarem da postulação de um *homunculus* para explicar a percepção, conforme explicitado antes. Enquanto a descrição anatômica coloca a base da percepção nas peculiaridades da anatomia, o arranjo óptico explica a percepção em termos de informação ecológica. Assim, a luz, em si mesma, não é vista como um estímulo, mas como portadora de informação sobre o ambiente.

O arranjo óptico ambiental em um ponto de observação é central à óptica ecológica. Ser um arranjo significa, como Gibson (1986, p. 65) explicita, ter uma arrumação, uma estrutura, e ser ambiental em um ponto significa rodear uma posição no ambiente que poderia ser ocupada por um observador. Um arranjo tem de ser heterogêneo, diferenciado, preenchido, com forma. Mas o que significa ambiente em um ponto? Significa que o arranjo deve circundar o ponto completamente. O campo deve estar fechado no sentido geométrico do termo, do mesmo modo que a superfície de uma esfera retorna sobre si mesma. Mas o campo não tem fronteiras. O campo de visão temporário de um observador não preenche esses critérios, pois este apresenta fronteiras.

Quanto ao ponto de observação, este significa uma posição no espaço ecológico, em um meio e não no vazio, não se confundindo com um ponto geométrico no espaço abstrato. É um lugar onde um observador poderia estar e do qual um ato de observação poderia ser feito. Um espaço abstrato consiste de pontos, enquanto o espaço ecológico consiste de lugares – locais ou posições. Algo muito interessante ocorre no arranjo ambiental quando uma posição é ocupada. Ele contém informação sobre o corpo do observador, o que modifica o arranjo.

Pontos de observação são públicos e não privados. Um mesmo ponto pode ser ocupado por quaisquer observadores. Mas há o outro lado da moeda. Sendo ocupado, no ponto de observação, há sempre informação óptica que especifica o observador ele mesmo, uma informação que não pode ser compartilhada. "O corpo do animal que está observando temporariamente esconde alguma porção do ambiente que é única àquele animal." Gibson chama isso de "informação proprioespecífica", aquilo que especifica o eu como distinto do ambiente, de um lado, e "informação exteroespecífica", de outro.

Além da estrutura, outros dois conceitos centrais para a descrição do arranjo óptico são invariantes e transformações. Invariância, como o nome diz, é aquilo que permanece na mudança. Onde há mudança, algo também deve ser invariante. Uma invariância óptica significa o que permanece imutável através de uma transformação óptica. As invariantes de uma série contínua de arranjos ópticos são projetivamente específicas aos traços persistentes do ambiente, enquanto as transformações são projetivamente específicas às mudanças no ambiente. Há dois tipos de transformações: algo que muda no ambiente em si e as séries contínuas de arranjos ópticos quando o percebedor se movimenta no ambiente. Estabilidade e mudança estão, portanto, ontologicamente atadas.

O que é percebido é o eu que habita o ambiente. Percebemos não apenas o nosso ambiente (o de um percebedor), mas aquele de todos os observadores. Conforme Reed (1988, p. 290), isso só é possível devido a dois tipos especiais de persistência e mudança na informação óptica: estruturas invariantes e de perspectiva. Esse conceito de estrutura de perspectiva baseia-se no "ponto de vista" da perspectiva geométrica. Ter um ponto de vista não é um fato físico, nem mental. É ecológico.

> De um ponto de vista dado, singular, qualquer *layout* produz um único arranjo óptico com algumas partes escondidas por outras e com perspectivas particulares de cada face visível, não escondida. Essas relações de oclusão e formas de perspectiva mudam a cada movimento do ponto de vista. As mudanças que ocorrem como resultado da locomoção constituem a estrutura da perspectiva do arranjo óptico. O tipo básico de mudança é o da perspectiva em movimento que especifica o caminho da locomoção. A estrutura da perspectiva é assim uma espécie de fluxo óptico, com padrões únicos de acréscimo e apagamento da textura óptica e padrões de deformação dos ângulos sólidos projetados das superfícies. A estrutura da perspectiva projeta um caminho, não um ponto de vista (como na perspectiva tradicional). (Reed, 1988, p. 290)

Vejamos agora a explicação que Reed (1988, p. 290) nos fornece das invariâncias nesse contexto. Uma estrutura invariante corresponde a qualquer padrão óptico que persiste apesar da estrutura da perspectiva. Não importa como ou quanto o observador se move, o horizonte, separando o chão do céu, é sempre o limite de todos os gradientes da densidade da textura. Há muitas invariantes desse tipo. Portanto, enquanto a estrutura da perspectiva no arranjo óptico especifica o ambiente de um observador, a estrutura invariante de um arranjo especifica o ambiente de qualquer observador. Tanto quanto a estrutura da perspectiva não especifica o eu independente do ambiente, a estrutura invariante também não especifica apenas o ambiente.

É por tudo isso que se deve evitar a ideia de que a cada objeto no espaço corresponde uma forma do arranjo óptico, pois o ambiente não consiste de objetos, mas de terra e céu, com objetos sobre a terra e no céu, de montanhas e nuvens, fogos e crepúsculos, pedrinhas e estrelas. Longe de serem objetos segregados, alguns estão imbricados em outros, alguns se movem, outros são animados. O ambiente é variegado: lugares, superfícies, *layouts*, movimentos, animais, pessoas e artefatos que estruturam a luz em pontos de observação. Portanto, o arranjo em um ponto não consiste de formas em um campo. O fenômeno da figura e fundo não se aplica ao mundo circundante. O arranjo óptico está mais próximo de uma hierarquia do que de uma matriz, não podendo ser analisado em um conjunto de pontos de luz, cada qual com um lugar e determinada intensidade e frequência, pois, em um ambiente de estrutura hierárquica, locais são definidos pela relação de inclusão.

Lombardo (1987, p. 256-257) completa a questão, explicitando que arranjo óptico é descrito como uma convergência intrinsecamente complexa de diferenças de energia. É a luz que converge para qualquer posição no meio transparente de um ambiente iluminado na medida em que este apresenta diferentes intensidades em diferentes direções. O arranjo não é apenas um ambiente, mas tem transições. Trata-se de diferenças de intensidade em diferentes direções. Sendo diferenças de intensidade da luz convergente em um ponto, ou seja, de todas as direções, o arranjo óptico não pode ser representado em termos de perspectiva pictórica. Enquanto esta é emoldurada, o arranjo óptico não tem margens. Por isso, Gibson interessou-se pela perspectiva natural. Consistindo de transições, o arranjo tem uma estrutura que é mais apropriada a procedimentos matemáticos do que à física óptica.

Dado qualquer ponto em um meio, lá haverá um arranjo óptico, único em sua estrutura específica, pois cada arranjo corresponde a uma transformação projetiva diferente do ambiente. Os arranjos ópticos de quaisquer dois pontos adjacentes no ambiente estão relacionados intrinsecamente e não se constituem como entidades discretas. O conjunto de arranjos para qualquer linha através do ambiente é uma transformação projetiva contínua do ambiente. Para Gibson (1986, p. 110), só depois da especificação do que é um evento, é possível descrever a mudança no arranjo óptico que resulta dele. Costuma-se tomar como pressuposto que um movimento no mundo produz um movimento no arranjo óptico. Isso é equivocado. A informação óptica, para distinguir os vários eventos, só pode ser diversas perturbações da estrutura local do arranjo óptico.

Estímulo informativo

Para a compreensão do estímulo informativo, é preciso levar em conta, antes de tudo, a diferença entre o olho como receptor e a retina como órgão perceptivo. O primeiro é estimulado, a segunda é ativada. Dizia Gibson (1986, p. 53) que pode haver estimulação da retina pela luz sem que haja ativação do olho pelo estímulo informativo. Na verdade, o olho constitui-se de um par de olhos que se movem, localizados em uma cabeça que pode virar, que está atada a um corpo o qual, por sua vez, se movimenta de um lugar para outro. Esses órgãos formam uma hierarquia chamada de sistema perceptivo, um sistema que nunca é simplesmente estimulado, mas entra em atividade na presença do estímulo informativo.

Assim, a diferença entre estimulação para os receptores e estímulo informativo para o sistema perceptivo é crucial. Receptores são componentes anatômicos, elementares, passivos de um olho que é apenas um órgão do sistema completo. Por isso, Gibson também abandonou quase completamente a noção sensorial. A tradição nos fez supor que a estimulação pela luz e as sensações correspondentes de claridade estão na base da percepção visual. Supõe-se que os *inputs* dos nervos são os dados sobre os quais os processos perceptivos operam no cérebro. Gibson tomou outro caminho:

> Assim como a estimulação dos receptores na retina não pode ser vista, a estimulação mecânica dos receptores na pele não pode ser sentida e a estimulação das células ciliadas auditivas não pode ser ouvida. Do mesmo modo, a estimulação química dos receptores na língua não pode ser experimentada e a estimulação dos receptores na membrana nasal não pode ser cheirada. Não percebemos estímulos. (Gibson, 1986, p. 55)

Em 1950, Gibson já acreditava que devem existir correlatos unívocos ou específicos do estímulo para todos os traços do ambiente visualmente percebido. Esse conceito de especificação ambiental veio se ligar à ideia de que há informação no arranjo óptico. Por que o arranjo óptico é um estímulo potencial à percepção? Porque ele carrega informação.

Gibson (1986, p. 62) estava ciente de que o uso familiar do termo "informação" provém da experiência da comunicação entre pessoas e não da experiência de se perceber o ambiente diretamente. Assim, a informação é enviada e recebida, e algum tipo intermediário de transmissão tem de ocorrer, um meio de comunicação ou um canal pelo qual a informação flui. Nesse sentido, a informação consiste de mensagens, signos e sinais. Ela aparece em uma infinidade de imagens, textos, nas mais distintas formas de registro. A informação do estímulo ambiental disponível no oceano de energia que nos circunda é muito diferente.

A informação para a percepção não é transmitida, não consiste de sinais e dela não decorre um emissor e um receptor. O ambiente não se comunica com os observadores que o habitam. Ao contrário, Gibson afirma que o mundo é especificado na estrutura da luz que nos atinge. Assim, a informação óptica é aquela que pode ser extraída do fluxo do arranjo óptico. Ela diz respeito à luz refletida muitas vezes no meio, ou seja, iluminação, enquanto a física óptica, distinta da física ecológica, diz respeito à energia eletromagnética, isto é, à radiação.

O uso desse termo "informação" começou a aparecer para denotar o fato de que a estimulação é específica às propriedades do ambiente. Informação quer dizer especificidade projetiva do arranjo óptico ao ambiente. Em outras palavras, a percepção visual é objetivamente específica ao ambiente até o grau em que as condições do estímulo também são objetivamente específicas ao ambiente. A veracidade da percepção se baseia na informação do estímulo e o conceito de informação supõe especificidade ecológica.

Em sua natureza de estímulo potencial, a informação característica do arranjo óptico é necessária, mas não suficiente, pois várias atividades perceptivas são também necessárias para tornar o arranjo óptico efetivo. É preciso que o processo ativo do sistema perceptivo crie ressonância com a informação. O ambiente, por meio da informação, especifica-se para o percebedor. A informação é ecológica porque a estrutura do estímulo possui especificação concorrente de ambos, o percebedor e o ambiente. Quando o processo perceptivo atingiu esse ponto mais propriamente ecológico, no pensamento de Gibson, englobando atividades perceptivas e informação, não havia mais lugar para a psicofísica da percepção, pois a percepção visual estava aí muito longe de sua redução a sensações visuais. Assim, nem o arranjo óptico nem a estimulação informativa funcionam como causa da percepção. São, antes, uma oportunidade para que a percepção ocorra.

Sistemas perceptivos

Embora a teoria dos "sistemas perceptivos" (1966) tenha sido desenvolvida bem antes da maturação da ecologia da percepção, os sentidos concebidos como sistemas integrados foi um passo decisivo rumo à proposta ecológica. Segue abaixo uma breve exegese dos sistemas perceptivos, como foram expostos por Gibson no livro *The senses considered as perceptual systems* (1966).

Uma vez que já tratei dessa obra em outras ocasiões (Santaella, 2001, p. 70-77 e 2004b, p. 131-150), aproveito-me dessas sínteses no que vem a seguir. Sem abandonar uma perspectiva funcional, Gibson apresentou nesse livro a visão evolucionária que manteria daí para a frente. Além disso, trata-se aí de uma teoria geral da percepção e não estritamente da visualidade. Depois de cobrir a tríade básica do ambiente, dos sistemas perceptivos e da ecologia da estimulação, os sentidos são tratados demoradamente. Já nessa obra, Gibson introduziu uma descrição ecológica do ambiente. Este é considerado ecológico porque é concebido como relativo ao animal que nele vive. O ambiente não é apenas o que é percebido, mas, sobretudo, uma fonte de estimulação. Na maioria das formas de dualismo, a inteligibilidade do mundo compete exclusivamente à mente. Gibson desviou a ênfase para um mundo ecologicamente cognoscível, num envolvimento inseparável do percebedor e do ambiente.

Os diferentes sentidos não são considerados meros produtores de sensações visuais, táteis, sonoras, gustativas ou olfativas. Ao contrário, Gibson os trata como mecanismos ativos de busca e seleção de informações. Por isso mesmo, somos capazes de ter constâncias perceptivas responsáveis pela sobrevivência adaptativa. Os órgãos dos sentidos produzem dois tipos diferentes mas simultâneos de sensibilidade, de um lado, operam como receptores passivos que respondem cada qual à sua forma apropriada de energia. De outro, constituem-se em órgãos perceptivos ativos que formam sistemas de orientação, exploração, seleção, organização, investigação e extração. Por isso mesmo, são órgãos de aprendizagem perceptiva, performativa e adaptativa (Gibson, 1966, p. 2-5).

Isso só se tornou possível porque o ser humano desenvolveu extremidades móveis e órgãos de sentidos ajustados que, por isso, podem modificar as entradas de estímulos de dois modos: movendo tanto os órgãos motores, chamados de performativos ou executivos, quanto os órgãos sensórios do corpo, chamados de exploratórios ou investigativos. O perceptor humano não espera passivamente pelos estímulos, ele os busca numa percepção ativa do mundo. A entrada de estímulo no sistema nervoso tem, assim, dois componentes: os que são independentes do observador e os que dependem dos movimentos de olhos, cabeça, mãos e corpo. Olhos, ouvidos, nariz, boca e pele são moventes, voláteis. O olho não é simplesmente uma câmera, mas sim uma câmera autoajustável, autorreguladora, auto--orientadora. As imagens que ela capta só podem atingir um estado otimizado porque o sistema cria compensações para as indefinições (Gibson, 1966, p. 32).

Os órgãos sensores se dividem em exteroceptores (olho, ouvido, pele, nariz, boca), proprioceptores (músculos, juntas e ouvido interno) e interoceptores (terminações nervosas nos órgãos viscerais), com três tipos de sensação por eles provocadas: sensações de origem externa ou percepções; sensações de movimento ou cinestesia; e vagas sensações de origem interna, localizando-se aqui, talvez, os sentimentos e as emoções. Apontando para a falácia de se considerar esses campos de modo estanque, Gibson (1966, p. 33-46) argumenta que nossas sensações não dependem de receptores atomizados, mas de uma sobreposição funcional dos sentidos. Como quaisquer outros órgãos do corpo, os da sensorialidade formam uma hierarquia organizacional, em que órgãos inferiores se subordinam a superiores e pequenas estruturas servem a estruturas maiores.

O olho se localiza em um só lugar, mas é um órgão feito de órgãos com vários níveis de funcionalidade: bastonetes, cones, lentes ajustáveis para aguçar a imagem retiniana, pupila para normalizar a intensidade da luz, um sistema dual em que os olhos convergem para objetos próximos e divergem para objetos distantes. O ouvido não é um único pedaço de tecido. O tato se dispersa pelo corpo todo. A parte receptora e a parte de ajustamento dos sentidos não precisam estar no mesmo lugar. O receptor do cheiro está no fundo dos ossos faciais e sua parte motora localiza-se nos músculos do peito, os quais servem para respirar e fungar.

Os órgãos formam sistemas. O sistema proprioceptivo sobrepõe-se ao sistema perceptivo. O olho se estabiliza na cabeça, em relação ao ambiente, graças à ajuda do ouvido interno. Em cooperação com o equilíbrio postural e a locomoção, os olhos giram pelo mundo e olham para tudo. O aparato do ouvido interno capta forças de aceleração que especificam a direção da gravidade, capta também o começo e o fim dos movimentos do corpo que são forças transitórias. O sistema auditivo responde ao ser agitado, mesmo quando essa agitação é produzida tão só e apenas por ínfimas vibrações do ar.

Células mecano-receptivas se espalham pelo corpo todo e por dentro dele, na pele, no tecido interno, nos músculos e nas juntas do esqueleto. Em sua base, os pelos do corpo estão embrulhados em fibras nervosas, tanto quanto as unhas e os dentes. O sistema háptico consiste de um complexo de subsistemas. Há o sentido muscular, o sentido da captação térmica, há a sensibilidade das juntas ou sentido cinestésico etc. Pode-se falar que o sistema tátil é constituído, ele mesmo, de cinco sentidos: pressão, calor, frio, dor e cinestesia, que geram o toque cutâneo restrito à pele, o toque háptico, na junção da pele com o movimento das juntas, o toque dinâmico, envolvendo pele, juntas e músculos, o toque térmico, aliado à vasodilatação ou vasoconstrição e o toque orientado, levando à percepção dos objetos em relação à gravidade.

Diferentemente dos outros sistemas perceptivos, aparentemente mais localizados, o sistema háptico inclui todo o corpo. As extremidades se constituem em órgãos sensórios exploratórios. As mãos, assim como outros membros do corpo, mas principalmente as mãos, além de órgãos exploratórios são também órgãos motores que sentem e fazem ao mesmo tempo, de modo que não estamos apenas em contato com o ambiente, mas fazemos contato com ele.

Sistemas perceptivos são, enfim, órgãos de atenção ativa, modos de orientação no ambiente, suscetíveis de aprendizagem. Através da prática, podemos nos orientar com mais exatidão, ouvir mais cuidadosamente, tocar mais sensorialmente, cheirar e degustar com mais precisão e olhar mais atentamente. Por isso dançamos, nadamos, jogamos, tanto quanto podemos nos converter em degustadores de vinho ou café.

Percepção: da psicofísica à ecologia

As definições de percepção que Gibson foi formulando ao longo de sua carreira explicitam o desenvolvimento desse conceito no pensamento do autor. Desde o início, Gibson já mantinha a consideração, jamais abandonada, sobre a veracidade da percepção. Esta é um conhecimento verídico do ambiente físico. A especificidade objetiva da percepção baseia-se na especificidade objetiva da estimulação e na correspondência psicofísica entre percepção e estimulação. O estímulo informativo (especificidade) providencia a conexão entre o percebedor e o ambiente e a correspondência psicofísica providencia a explicação da veracidade.

Nos anos 1950, Gibson ainda admitia o modelo unidirecional da percepção, em que a psicofísica assumia uma dependência causal da percepção na estimulação. No período de inflexão, de 1957 a 1960, esse modelo foi substituído por sua concepção dinâmica da percepção como atividade que envolve exploração, ajustamento, atenção seletiva em relação ao estímulo potencial, ou seja, o arranjo óptico. O estímulo não é dado, mas descoberto por aquele que percebe. A estimulação efetiva e a atividade perceptiva são recíprocas, distintas, mas interdependentes. As atividades exploratórias de quem percebe estão enraizadas no ecossistema, com a estimulação e o ambiente. Por isso, a percepção é ecológica (Lombardo, 1987, p. 264).

Na fase madura do desenvolvimento de sua teoria, para Gibson, a percepção diz muito mais respeito à informação do que à anatomia. Não existe um órgão ou um local anatômico específico em que a percepção ocorre. É uma atividade do animal como um todo, de um sistema, e não privilégio exclusivo da mente ou do cérebro. Gibson recusa a interpretação mentalista quando a mente é tomada como um mundo paralelo habitado por entidades mentais. Para ele, a mente só pode significar um processo funcional de uma forma viva, integrada ecologicamente. Uma forma emergente, evolucionária, que não se reduz a neurônios, células e moléculas. Quem percebe não é simplesmente mental, pois percebe com todo o seu sistema perceptivo e existe em um ecossistema.

A percepção também não se confunde com mera resposta ao ambiente, nem se reduz a processamento de informação, pois sistemas perceptivos ativos modulam o *input*. Percepção envolve formas de atenção declarada, tais como exploração, ajustamento, orientação e otimização, do mesmo modo que atividades neurológicas internas. Percepção é, portanto, holística, contínua, seletiva, ativa, ecológica, envolvendo ajustamento e equilibração. O termo "ajustamento" é preferível a "movimento", porque é mais amplo e, de fato, perceber significa orientar-se e acomodar-se no entorno ecológico. Ajustamento é algo dinâmico e funcional, enquanto movimento é apenas uma faceta de um todo maior (Lombardo, 1987, p. 353).

Visão, audição e todas as outras funções sensoriais são ecológicas, englobando tanto a percepção quanto a propriocepção, continuamente emparelhadas. A noção gibsoniana de propriocepção decorre da completa reformulação que o autor impôs ao entendimento tradicional dos sentidos humanos. A partir dos anos 1960, o conceito de propriocepção foi ampliado de maneira a tratá-lo como um traço constante e essencial ao funcionamento perceptivo e para abarcar todos os sentidos. Todos eles são proprioceptivos, assim como exteroceptivos, pois fornecem informações de vários modos sobre as atividades do observador.

Os reinos supostamente separados do subjetivo e do objetivo são apenas distintos polos de atenção. Essa separação torna-se, portanto, desnecessária. A informação para a percepção que está aqui é a mesma que está lá e um contínuo *layout* de superfícies estende-se de um ao outro. O que Gibson chamava de gradiente, em 1950, a saber, os gradientes de crescente densidade de textura e disparidade binocular e decrescente mobilidade que especifica a distância em toda a extensão do nariz do observador até o horizonte são, na realidade, variáveis entre dois limites, implicando apenas essa complementaridade entre a propriocepção e exterocepção. Autopercepção e ambiente andam juntos.

Propriocepção pode ser traduzida por egorrecepção, como sensibilidade para o eu e não como um ou vários canais especiais de sensações. "Os movimentos do observador usualmente produzem visões, sons e impressões na pele, com estimulação dos músculos, das juntas e do ouvido interno. Correspondentemente, a informação que é específica do eu é captada como tal, não importa qual nervo sensorial está remetendo impulsos ao cérebro". O que Gibson (1986, p. 115) estava enfatizando é que a informação sobre o eu é múltipla e que todos os seus tipos são captados concorrentemente.

> Um indivíduo não apenas se vê a si mesmo, ele ouve seus passos e sua voz, ele toca o chão e seus utensílios e, quando toca a própria pele, sente tanto a sua mão quanto a sua pele, ao mesmo tempo. Ele sente sua cabeça virando, seus músculos flexionando e suas juntas inclinando-se. Ele tem suas próprias dores, as pressões de suas próprias roupas, a visão através de seus próprios óculos – de fato, ele vive dentro de sua própria pele.

Isso vai contra todas as teorias que atribuem proprioreceptores à propriocepção. Gibson propôs, então, seis espécies de propriocepção. Embora envolvam estruturas anatômicas distintas e diversas formas de estimulação, elas podem registrar fatos idênticos sobre o eu. Elas incluem a propriocepção muscular, articular, vestibular, cutânea, auditiva e visual (Gibson, 1966, p. 36-37).

Em síntese, percepção e propriocepção são os polos do estado consciente, um polo é exteroespecífico e o outro, internoespecífico. Apesar de distintos, seus objetos intencionais estão relacionados: o ambiente e o eu, abraçando um processo contínuo de atividade biológica. Se o ambiente circundante é recíproco ao animal, há sempre um componente de propriocepção (autoconsciência) que acompanha a percepção (consciência do ambiente). A propriocepção é específica aos aspectos do corpo relativos à informação do estímulo. É um processo contínuo do sistema perceptivo que implica uma sobreposição anatômica entre os sistemas exteroceptivos, proprioceptivos e performáticos. Segundo Lombardo (1987, p. 268), o interesse crescente de Gibson pela significância adaptativa da percepção visual foi parcialmente responsável por sua crença na onipresença da propriocepção. A ligação sistemática entre percepção e propriocepção fornece uma descrição da sensibilidade ecológica.

A teoria da percepção gibsoniana inclui três teorias integradas, cuja coluna dorsal encontra-se no conceito ecológico de reciprocidade, crucial para o seu tratamento do ambiente, da informação ecológica e da psicologia ecológica. São elas: uma teoria do ambiente, uma teoria da informação e uma teoria daquele que percebe. Já no livro sobre os sentidos (1966), percepção e propriocepção encontravam-se integradas, uma integração que se tornou ubíqua no livro sobre a ecologia da percepção (1979), quando os conceitos de reciprocidade espaço-temporal e reciprocidade entre permanência e mudança são enfatizados. Isso levou à transformação da tradicional dicotomia entre sujeito e objeto, redefinida como relação ecológica entre o aqui e o lá. Dada a reciprocidade sujeito-objeto, Gibson não acreditava que qualquer um desses lados pudesse aparecer em estado puro. Se os animais percebem o ambiente, eles necessariamente também sentem a si mesmos nele.

O conceito de reciprocidade, tão fundamental ao entendimento da percepção-propriocepção, objetivo-subjetivo, estabilidade-mudança, bate de frente não só com as teorias idealistas e subjetivas, mas também com as teorias materialistas. Além disso, opõe-se flagrantemente ao dualismo matéria e mente. Embora ideias relativas a partes, unidades, objetos e substâncias, termos presentes na ontologia newtoniana, cartesiana e lockeana, não tenham sido rejeitadas por Gibson, todas elas foram reinterpretadas no contexto da reciprocidade, o que lhe permitiu evitar tanto os dualismos como os monismos derivativos.

Na verdade, o conceito de reciprocidade foi se expandindo até recobrir e integrar uma série de hipóteses e temas da obra gibsoniana. Além de espaço-tempo, invariância-variância, animal-ambiente, a integração que mais eloquentemente se opõe a quaisquer versões do dualismo ontológico é a da percepção-propriocepção, uma reciprocidade que vai além de um mero acompanhamento, pois se trata de polos relativos a graus de privacidade e objetividade nas contingências do corpo de quem percebe. O eu é autopercebido em relação ao ambiente e este é percebido em sua relação com o percebedor.

Do mesmo modo, Gibson rejeitou uma separação entre o mundo natural e o artificial. Para ele, a natureza é multinivelada. A realidade é tanto holística quanto imbricada. Daí a percepção ser um processo contínuo, progressivo, indeterminadamente rico, não podendo ser compreendido como uma representação.

Comentários

Os problemas da percepção visual que Gibson buscou resolver não se identificam com os problemas tradicionais da psicologia da percepção, por exemplo: ponto cego, pós-imagem, acuidade, refração e discussões sobre ilusão óptica ou sobre como as imagens se fundem a partir dos dois olhos, tema comumente encontrado em livros sobre percepção espacial. Percepção, para ele, não se confunde com um sujeito mantendo seu olhar fixo como uma câmera dirigido para uma figura iluminada. Os problemas trabalhados por Gibson foram de outras ordens, a saber:

a) perceber o *layout* do ambiente (inseparável do eu e de sua locomoção);
b) perceber o objeto no ambiente (incluindo sua textura, cor, forma e *affordances*);
c) perceber eventos e suas *affordances*;
d) perceber outros animais e pessoas (com aquilo que eles persistente e momentaneamente oferecem).

A lista se expande para outros itens, tais como a percepção da comunicação e o conhecimento mediado por imagens, figuras, escrita, símbolos. Isso, no entanto, ultrapassa os limites do que levei em consideração para a apresentação de sua obra, ou seja, apenas a percepção do mundo circundante, sem entrar nas questões da percepção de representações visuais que implicam problemas distintos. O que cumpre colocar em destaque, a partir do que foi exposto, é a originalidade da obra gibsoniana, não só em termos perceptivos, mas também ontológicos e epistemológicos.

Antes de tudo, sem negar a pertinência da tríade espaço-tempo-matéria para a física, ele não aceitou que essa ontologia tivesse qualquer validade para a biologia e a psicologia. Conforme Reed (1988, p. 284), se o espaço e o tempo são vistos como físicos ou objetivos, então a mente (por não estar nem nesse espaço e nem nesse tempo) é removida desse mundo. De modo similar, se o espaço e tempo são vistos como subjetivos, então o que eles refletem do mundo? A estratégia kantiana de propor que espaço e tempo são condições necessárias tanto para a subjetividade como para a objetividade só mostrou que se pode conceber a estrutura da experiência assim como seus conteúdos, sem que pudesse ser respondida a questão do que é o mundo que está lá, fora da mente. Desde então, o sujeito da psicologia ficou divorciado da realidade externa. Ou os observadores são tratados como sistemas físicos, de um lado, ou como se vivessem em um espaço puramente fenomênico e não real, de outro.

Para Gibson, espaço e tempo não são propriedades do ambiente vivo, mas sim do mundo da física. Como tal, só podem ser reconhecidos indiretamente, mas não percebidos diretamente. Com sua asserção de que eventos ecológicos têm sua própria realidade, ele opôs-se a dogmas seculares sobre o espaço e o tempo. "Assim como o espaço físico não tem orientação e é meramente um sistema abstrato de coordenadas, o tempo físico é supostamente uma interpretação arbitrária dos movimentos físicos, ou, quando muito, uma propriedade estatística de tais movimentos. O movimento físico é reversível, enquanto muitos eventos ecológicos não o são" (Reed, 1988, p. 286).

Desde o início do século XX, alguns filósofos lutaram contra os dualismos seculares da epistemologia ocidental, entre eles Dewey, James, Russell e Whitehead. Gibson recebeu alguma influência desses autores, mas não do behaviorismo, ao qual ele nunca se rendeu. O behaviorismo acreditava ter resolvido os dualismos ao eliminar quaisquer conceitos relativos à mente, tratando-os como formas de comportamento. Mas suas explicações já de fenômenos mentais – tão básicos como a sensação da cor – chegavam a um beco sem saída. Tentando resolver os impasses dos dualismos, outras teorias psicológicas chafurdaram ainda mais no poço (ver Reed, 1988, p. 286). A resposta de Gibson a todas as modalidades de dualismos foi radical, a começar pela dicotomia entre estímulo e resposta, o que o levou a buscar novos significados para percepção, aprendizagem e cognição. Dicotomia ainda mais onipresente é a do sujeito e objeto. Gibson deu a ela uma resolução original em seu conceito de *affordance*. Não por acaso muitos falharam na compreensão desse ponto, entendendo a *affordance* como simples relações entre o observador e o ambiente, o que faz dela uma mistura entre o subjetivo e o objetivo.

Affordances, todavia, não são nem subjetivas nem objetivas. Uma oferta do ambiente não é subjetiva, embora seja disponibilizada para percebedores. Nem seus valores podem ser separados de seus usos. Graças à distinção entre *affordances* para um e para todos os observadores, Gibson concebeu-as não como relações entre duas coisas, mas como fatos do ambiente para todos observadores que podem usados por observadores particulares.

A filosofia do século XVII legou à psicologia o fardo da separação entre corpo e mente. Esta foi relegada por Descartes a quaisquer áreas do crânio que sejam as mais inacessíveis. Quanto mais o cérebro foi ficando conhecido, mais a mente foi sendo retraída, de modo a se refugiar em uma existência não física. Com a psicologia ecológica, Reed (1988, p. 294) nos diz, "a mente encontrou um lar, não nas complexas relações físicas do cérebro, mas, entre nós, o mental sendo concebido como nossa habilidade para experienciar o ambiente prenhe de *affordances* e agir apropriadamente nele".

No decorrer das décadas de desenvolvimento de sua carreira, Gibson viu a maioria dos psicólogos migrar do estudo dos ratos direto para o computador, quando este apenas veio substituir, sem resolvê-los, o racionalismo do século XVII e o associacionismo do século XIX. Diante desse quadro, tomou a si a tarefa de rever os fundamentos da psicologia. Durante séculos, cientistas e filósofos acreditaram e continuam a acreditar que estamos diretamente conscientes não das coisas que nos circundam, mas apenas de nossas representações subjetivas. Essa ideia, segundo Reed (1988, p. 2), deu origem à doutrina de que o mundo social é um sistema de mundos privados interligados, nos quais todos os valores são subjetivos.

Contra a crença que dá fundamento a tal ideia, Gibson defendeu, sem hesitações, a ousada e controversa tese de que temos uma percepção direta do ambiente. Para ele, os gradientes espaciais do movimento são sentidos diretamente porque, de fato, esses gradientes de movimento, tanto quanto os de textura, fornecem informação direta sobre a extensão e o *layout* da superfície. Essa tese parece ainda mais ousada porque até hoje a visão é concebida "em termos da imagem estática da retina, um conjunto de intensidades da luz através de um mosaico fotorreceptor, estimulando pontos locais na retina ou 'signos' a partir dos quais a percepção deve ser construída" (Nakayama, 1994, p. 332).

Além disso, da evidência de que a percepção não é uma questão puramente subjetiva decorre que os valores são tanto públicos quanto privados e o mundo social está baseado no compartilhamento genuíno do ambiente com tudo que ele oferece.

O discurso científico e filosófico também está cheio de variantes da concepção de que perceber é uma questão de construir uma representação mental de *inputs* sensórios. Desde meados do século passado, essa teoria foi refraseada no jargão computacional em termos de processamento de *inputs* de informação ou de computação e de construção de modelos mentais do mundo com base em dados de *input*. Reed (1988, p. 2-3) parece estar certo ao dizer que essas ideias estão três séculos atrasadas, pois, desde então, não há nenhuma novidade em se considerar que a percepção resulta de se construir uma ideia, imagem ou representação mental a partir de *inputs* sensórios. Com isso, a percepção não passa de uma mistura estranha de inferência lógica e imaginação, baseada, na realidade, na mistura entre mecanismo e mentalismo. Os efeitos dos objetos percebidos no corpo e no sistema nervoso do observador são puramente mecânicos, como se os estímulos se impusessem sobre a máquina passiva do corpo.

Para alguns teóricos, a mente deve, de alguma maneira, entrar no jogo. Então, aparece o jargão moderno de que os processos *botton up* da causalidade psicofisiológica devem ser suplementados pela causalidade *top down* da mente. Com isso, a velha causalidade linear, disfarçada em uma nova roupagem, só ganha mais força. Já Gibson, em seu primeiro livro (1950), atacou essa noção rasteira redefinindo a causalidade psicofísica e os estímulos sensórios. Para isso, descartou, também ousadamente, o envolvimento dos processos mentais na percepção do espaço. No segundo livro (1966), descartou não só a causalidade mental, como também a causalidade mecânica ao considerar a percepção como uma atividade funcional unificada dos observadores. Ao redefinir as modalidades sensórias, colocou ênfase na "habilidade dos sistemas perceptivos de buscar informação, de aprender a se adaptar e modificar seu funcionamento, redefinindo e aperfeiçoando sua habilidade de captura da informação" (Reed, 1988, p. 4).

É bastante relevante a síntese que nos é fornecida por Lombardo (1987, p. 345) sobre a constelação de rejeições de Gibson às tendências teóricas de seu tempo, tendências que herdaram, sem conseguir resolvê-los, impasses tanto ontológicos como epistemológicos. O conceito gibsoniano de reciprocidade dinâmica entre animal e ambiente colocou o autor em antagonismo com o monismo mental, físico e com o dualismo entre matéria (corpo) e mente. Para ele, tudo isso não passava de falsas dicotomias. Se o ambiente não é reduzido a variáveis físicas, neutras ao animal, ele encontra-se atado ao animal ontologicamente. Este, por sua vez, não se reduz a partes moleculares e celulares. O corpo não é algo distinto da mente, em que pensamentos, preceitos e estados afetivos acorrem. Quando buscou rejeitar o reducionismo físico do behaviorismo, a psicologia mentalista introduziu uma ontologia reminiscente de Descartes e Locke. Mais do que isso, com as restrições do associacionismo removidas das relações psicológicas, o processamento de informação adquiriu um sabor racionalista.

O dualismo da mente e da matéria ontologicamente dividiu o universo em dois e deixou para epistemologia a difícil tarefa de conectar essas duas partes novamente. Gibson evita usar qualquer terminologia mentalista, porque procura evitar ser interpretado como dualista. Sua postulação da natureza multi-imbricada e multiordenada da realidade oferece-lhe um modo de compreensão da relação entre mente e corpo.

Vale ainda ressaltar que, apesar de ter recebido influência da teoria da gestalt, especialmente de Kofka, Gibson também a refutou. Deu crédito ao repúdio dos teóricos da gestalt às ideias de que nenhuma experiência é direta exceto as sensações, estas mediadoras de todas as outras espécies de experiência. Sensações cruas tinham de ser vestidas com significado. Que a percepção seja diretamente significativa sempre foi um embaraço para as teorias ortodoxas. E isso foi denunciado pela gestalt, quando começaram a minar as teorias baseadas em sensações. "Mas são forçadas as suas explicações para o fato de que uma maçã diga 'Coma-me' e uma mulher diga 'Me ame'. Os psicólogos da gestalt opuseram-se às teorias aceitas da percepção. Mas nunca foram além delas" (Gibson, 1986, p. 140).

Para completar, Gibson assumiu posição diametralmente oposta àquela que é utilizada, sem questionamento, por pesquisadores acostumados a procedimentos de pesquisa – os quais, aliás, a chegada do computador só acentuou – de controle sobre os movimentos e as intenções dos observadores, quando estes focam seus olhos em um estímulo que não passa de um *flash* aparecendo na tela de um vídeo ou monitor. É abissal a diferença dessa situação em relação à de um observador que se move e olha o seu entorno em um ambiente. Uma diferença que, infelizmente, é suprimida pelos interesses do controle experimental e pelos procedimentos da tecnologia *high tech*.

Dizem os comentadores que, durante sua vida, Gibson não encontrou ressonância para as ideias que defendeu com tanta determinação. A enorme originalidade de seu pensamento explica essa falta. Outro fator para isso encontra-se na emergência do computador como meio para a pesquisa em psicologia, que se deu na última década de sua vida e que, desde então, engoliu todas as subdisciplinas relacionadas à cognição. O cognitivismo representacionalista da primeira fase da ciência cognitiva, em que os processos mentais humanos eram concebidos analogamente ao processamento de informação computadorizada, afastava-se de forma dramática da teoria gibsoniana. Entretanto, a onda representacionalista do cognitivismo passou, sendo substituída pelas correntes da cognição encarnada. Estas, mais cedo ou mais tarde, haverão de incorporar a ecologia da percepção em suas formulações (ver, por exemplo, Chemero, 2010).

As teses gibsonianas mais controversas e submetidas a discussões por seus críticos são a da percepção direta e imediata e a da negação de qualquer papel desempenhado pela mente na percepção. Além disso, as teorias psicológicas criticam a ausência de evidência experimental para suas ideias, despidas de hipóteses testáveis e previsões quantitativas. A percepção direta é submetida a críticas porque se trata de uma postulação que não pode ser empiricamente comprovada. Quanto à aversão gibsoniana a qualquer forma de representação interna no processo perceptivo, segundo Nakayama (1994, p. 334), um neurocognitivista, a representação mental é justamente aquilo que seu campo de pesquisa tem buscado.

Ora, como será demoradamente discutido nos próximos capítulos, um conceito inteiramente novo de representação mental *sub specie* sígnica, liberto dos becos sem saída das concepções tradicionais herdadas da tradição cartesiana-kantiana, pode ser encontrado na noção de mediação formulada por Peirce. Certo estava Gibson ao rejeitar veementemente aquela tradição e rejeitar qualquer tese representacionalista, explícita ou disfarçadamente baseada nela. Entretanto, sua recusa de aceitação dos papéis desempenhados pela mente nos processos perceptivos foi longe demais. Felizmente, é justo esse aspecto que se pode enfaticamente encontrar em Peirce, numa versão inteiramente renovada e nitidamente anticartesiana do que se costuma conceber como "mente".

Capítulo 3

Panorama da semiótica de Peirce

Introdução

A parte deste livro dedicada à teoria da percepção de Peirce é mais extensa do que aquelas dedicadas às duas outras facetas da percepção – fenomenologia e ecologia –, porque a teoria da percepção peirceana só se faz entender quando a conectamos com os fios que a ligam à lógica ternária de Peirce, mais conhecida como semiótica ou teoria geral dos signos, esta, por sua vez, ligada ao corpo mais amplo das outras disciplinas filosóficas da arquitetura peirceana. Portanto, para chegarmos à percepção, temos de atravessar algumas passagens prévias. Além disso, Peirce não deixou um tratado sistemático sobre a percepção. O que existe dessa teoria são fragmentos esparsos que exigem o exercício de um verdadeiro método arqueológico para a reconstituição desses fragmentos em um todo coeso que faça sentido. Disso resulta que não há um consenso entre aqueles que se aventuraram a tratar do tema. Isso me obriga a esboçar um panorama das diferentes posições assumidas pelos comentadores, antes de apresentar a reconstituição que a mim se apresenta como a mais plausível. Vem daí a necessidade de desdobrar esta parte do livro em alguns capítulos capazes de abrir caminho para a discussão da percepção propriamente dita.

Conhecida como uma teoria dos signos, a semiótica peirceana, mais do que isso, é uma teoria sígnica do conhecimento. Interessava a ele, através da semiótica, entender como se dá, como se processa a cognição. Daí ser sempre ingênuo se trabalhar com suas classificações de signos, na ignorância das questões cognitivas que elas suscitam. Sendo a teoria dos signos também uma teoria do conhecimento, não poderia faltar a ela uma teoria da percepção, visto que é justamente a percepção que vai desempenhar o papel de ponte entre o mundo da linguagem – a consciência, o cérebro, a mente – e o mundo lá fora. A percepção corresponde, assim, ao lado mais ontológico e também psíquico da semiótica.

Quando se fala em percepção e processo cognitivo, no contexto do pensamento peirceano, deve ser levado em conta que Peirce não era um racionalista. Para ele, a percepção envolve também elementos não cognitivos, assim como elementos inconscientes. A bem da verdade, a maior parte do processo perceptivo está irremediavelmente fora de nosso controle. Só alcançamos controle sobre a percepção no momento em que o percepto – aquilo que se apresenta à percepção – é interpretado. Só então experimentos perceptivos podem ser feitos, só então a percepção pode ser testada, criticada, modificada etc. O processo interno, entretanto, anterior ao ato interpretativo, não pode ser objeto de experimentação, visto que está sujeito a vicissitudes sobre as quais não temos domínio consciente.

Desse modo, embora na teoria da percepção elaborada por Peirce não se possa encontrar especificamente um estudo dos efeitos que os fatores inconscientes exercem sobre a percepção, pode-se dizer que sua teoria não nos coloca na ignorância da revolução freudiana, como muitas teorias racionalistas o fazem. Ou seja, não é uma teoria incompatível com a descoberta do inconsciente.

Como se sabe, a obra deixada por Peirce é gigantesca e extremamente complexa. Uma parte muito pequena dela foi publicada em vida e, até hoje, pouco dessa obra recebeu publicação. Dada sua inegável complexidade, uma das consequências da divulgação ainda precária de seu pensamento, é que há partes de suas teorias que estão longe de terem atingido um consenso interpretativo, mesmo que assintótico. Entre essas partes, a teoria da percepção recebeu alguma atenção. Nessa medida, apresentarei aqui as interpretações a que cheguei sobre essa teoria, no diálogo e confronto com outros intérpretes que tiveram acesso aos manuscritos peirceanos e que também se dedicaram especificamente aos problemas apresentados pela percepção no quadro mais amplo de seu pensamento.

A teoria da percepção, ou melhor, as soluções a que Peirce chegou relativas a ela são tardias em sua obra. Datam da primeira década do século XX, quando Peirce já tinha mais de 60 anos. Com a teoria da percepção, ele conseguiu resolver impasses relativos à sua teoria dos signos, especialmente aqueles concernentes às ligações da linguagem com o mundo exterior, isto é, aos problemas do real e da fonte perceptiva de todo conhecimento.

Assim como todas as outras partes de sua obra, o corpo da teoria da percepção nada tem de homogêneo e acabado. Os fragmentos sobre a questão, justamente aqueles que devem estar mais próximos das possíveis soluções, concentram-se por volta de 1903, o que não significa que os fragmentos anteriores devam ser abandonados pelos intérpretes. É fundamental para a compreensão de um problema acompanhar passo a passo as dificuldades que Peirce enfrentou na busca de uma solução, também é fundamental levar em conta o contexto em que essas dificuldades surgiram.

Evidentemente, livrarei o leitor do relato de todas as dificuldades de meu próprio percurso dentro da obra de Peirce, até chegar, finalmente, à síntese que será aqui exposta. Afinal, todo trabalho que almeje alguma elegância tem de realizar um duplo esforço, aquele envolvido em sua própria realização e o segundo esforço, mais sutil, de ocultar o próprio esforço. É o que espero ser capaz de fazer aqui.

A teoria da percepção a que Peirce chegou é tão original e tão minuciosamente lógica que deve ter surpreendido a ele mesmo. Todas as teorias da percepção que conhecemos são declarada ou implicitamente diádicas. Aliás, quando se fala em percepção, fica difícil recusar sua dualidade aparentemente constitutiva. Perceber é estar diante de algo, no ato de estar, enquanto acontece. Ora, conforme será visto em detalhes nos próximos capítulos, Peirce conseguiu ir além dessa poderosa evidência dualista, produzindo a única teoria efetivamente triádica da percepção de que se tem notícia. Embora triádica, no entanto, a percepção está, sem dúvida, no que diz respeito à fenomenologia peirceana (mais sobre isso a seguir), sob a dominância da secundidade, ou segunda categoria fenomenológica, a saber, a categoria da dualidade, do confronto, da ação e reação, da interação, surpresa, conflito etc. Desse modo, a percepção está, para Peirce, no mesmo paradigma da ação e da memória.

Há dois tipos de secundidade ou dualidade, uma ativa e outra passiva. Embora esses atributos sejam relativos, isto é, não tenham valor absoluto, quando confrontamos ambos, pode-se dizer que, em princípio, a ação é mais ativa e a percepção, mais passiva. Na ação, somos nós que agimos sobre as coisas; na percepção, somos "agidos" por elas. Há, no entanto, percepções extremamente ativas – por exemplo, em alguns processos de recepção da arte –, assim como há ações passivas, automatizadas, entorpecidas. A memória também está sob a dominância da segunda categoria, porque, em seus processos, há sempre uma espécie de força psíquica por ela exercida para atingir a superfície dos processos mentais. Mas essas questões serão vistas, mais de perto, no decorrer dos próximos capítulos.

No tópico a seguir, será apresentada uma visão geral da teoria peirceana dos signos com a finalidade de localizar o ponto exato de engate da teoria da percepção no corpo mais amplo dos signos. Especial atenção será dada aí, portanto, aos tipos de objeto dos signos, pois a percepção está diretamente conectada ao que Peirce chamava de objeto do signo, para o qual podemos encontrar, por enquanto, uma tradução grosseira naquilo que é comumente chamado de referente.

O próximo capítulo discutirá as diferentes versões a que chegaram os mais respeitados intérpretes que trabalharam com a teoria da percepção peirceana para que, no capítulo subsequente, seja feita a síntese dos pontos de convergência e divergência entre essas interpretações, tendo em vista a elaboração de uma visão dessa teoria que esteja liberta de confusões desnecessárias e, tanto quanto possível, clara, para que possa ser aplicada na compreensão de processos vivos de percepção efetiva, pois isso é o que deve ser, de resto, a meta de toda teoria: iluminar o real. O capítulo termina com uma discussão sobre o avanço da posição de Peirce em relação ao passado e sua importância em relação ao presente. Em que medida sua teoria da percepção pode auxiliar na abertura de caminhos para as pesquisas atuais sobre percepção e cognição?

Visão panorâmica da semiótica peirceana

Embora o título deste tópico tenha alguma fidelidade com o conteúdo que será apresentado, alerto o leitor para o fato de que aqui se tratará apenas de uma síntese muitíssimo abreviada de uma das partes da semiótica, aquela que corresponde ao seu primeiro ramo, chamado de gramática pura ou gramática especulativa, e que diz respeito às definições dos elementos constitutivos dos signos, de suas classificações e modos de significar, referenciar e de ser interpretados. Não serão destacados, portanto, senão aqueles aspectos da semiótica que estão mais diretamente ligados aos problemas da percepção.

Entrar diretamente na definição de signo, sem nenhuma indicação mais geral da posição que ela ocupa no todo da obra, ou pelo menos no todo da semiótica, seria transmitir ao leitor uma visão excessivamente fragmentada da doutrina dos signos. Nessa medida, as referências a essa doutrina serão precedidas de uma rápida introdução quase diagramática com a finalidade de localizar a gramática especulativa no contexto da semiótica e esta no contexto da arquitetura filosófica de Peirce.

A arquitetura filosófica de Peirce

A intenção de Peirce era fundar uma filosofia efetivamente científica, pautada em uma concepção bastante original de ciência (ver Santaella e Vieira, 2008). No coração dessa filosofia, encontra-se a semiótica, um outro nome para a lógica triádica, uma lógica concebida em sentido muito lato. A semiótica é, assim, a doutrina de todos os tipos possíveis de signos sobre a qual se funda a teoria dos métodos de investigação utilizados por uma inteligência científica (ver Santaella, 1995). Dela decorre o pragmatismo, ou método para se determinar o significado dos conceitos intelectuais, e sobre ela está alicerçada a metafísica ou teoria da realidade, que não prescinde da mediação dos signos. Se o pragmatismo e a metafísica decorrem da semiótica, esta, por sua vez, está alicerçada na ética, que se funda na estética, sendo todas as três, semiótica, ética e estética (ver Santaella, 1992 e 1994a), decorrentes da fenomenologia. Embora haja alguns traços de semelhança nos pontos de partida da fenomenologia de Merleau-Ponty e de Peirce (uma discussão que não cabe aqui), para este último, a fenomenologia ou faneroscopia é a doutrina das categorias, isto é, aquela quase-ciência que tem por finalidade determinar quais são as categorias mais vastas, gerais e universais da experiência e que tornam a experiência possível.

Vale dizer que a nova lista de categorias, a que Peirce chegou e que corresponde aos três elementos denominados de primeiridade, secundidade e terceiridade, está na base e permeia todas as teorias desenvolvidas por ele, desde a relação entre a estética, que está para a primeiridade, assim como a ética está para a secundidade e a semiótica para a terceiridade, até a própria definição de signo com todas as classificações de signos dela decorrentes (ver Santaella, 1983).

Também baseada nas três categorias, a divisão triádica da semiótica corresponde a:

a) gramática especulativa,
b) lógica crítica ou lógica propriamente dita e
c) retórica especulativa ou metodêutica, o nome com que Peirce rebatizou, sob nova óptica, o que é comumente chamado de metodologia.

A gramática especulativa, como já foi mencionado, estuda todos os tipos de signo, seus modos de denotar, suas capacidades aplicativas, seus modos de conotar ou significar, além dos tipos de interpretação que eles podem produzir. A lógica crítica estuda os três tipos de raciocínio, métodos ou estágios de investigação, que, de resto, são também três e têm como base as categorias de primeiridade, secundidade e terceiridade, respectivamente:

a) abdução,
b) indução e
c) dedução.

Por fim, a metodêutica estuda a eficácia comunicativa dos signos, seu poder de gerar interpretantes efetivos (ver Santaella, 2004a).

A partir da evidência notável da onipresença das três categorias, chamo atenção para o fato de que as teorias de Peirce, quaisquer partes delas, assim como a doutrina dos signos, são totalmente incompreensíveis a um leitor que não tenha passado por um estudo prévio da fenomenologia na qual as categorias são apresentadas em detalhamento teórico e com fartura de exemplos. As referências citadas anteriormente, acompanhando o panorama esquemático das disciplinas filosóficas de Peirce, ficam como pano de fundo para o que virá a seguir. Nelas, o leitor interessado poderá encontrar análises aprofundadas das diferentes partes da obra peirceana quando a síntese a seguir não lhe parecer satisfatória.

Uma vez que as referências, embora relevantes ao aprofundamento das questões, não nos ajudam a evitar lacunas, apresentarei, em pinceladas rápidas, os elementos necessários para que não se perca aqui a continuidade necessária a uma visão de conjunto. Desse modo, as categorias universais e formais, pós-aristotélicas, pós-kantianas e pós-hegelianas, a que Peirce deu à luz, batizando-as, por isso mesmo, de "nova lista", e que são onipresentes em seu pensamento, expressam-se do seguinte modo.

Categorias e signo

Primeiridade é o começo, aquilo que tem frescor, é original, espontâneo, livre. Secundidade é aquilo que é determinado, terminado, final, correlativo, objeto, necessitado, reativo. Terceiridade é o meio, devir, desenvolvimento.

Algo considerado em si mesmo é uma unidade. Algo considerado um correlato ou dependente, ou um efeito, é segundo em relação a alguma outra coisa. Algo que, de algum modo, traz uma coisa para uma relação com outra é um terceiro ou meio entre ambas (Peirce, 1992, p. 280).

Essas são as categorias fenomenológicas, sendo que a terceira delas, também chamada de mediação, corresponde à noção de signo. Peirce diz que a manifestação mais simples de terceiridade, que também significa continuidade, generalidade, síntese, aprendizagem, crescimento etc., está na noção de signo. Ou seja, signo é um primeiro que põe um segundo, seu objeto, numa relação com um terceiro, seu interpretante. O signo é, portanto, mediação. Ora, se o signo corresponde à terceira categoria fenomenológica, isso significa que a semiótica ou teoria dos signos é extraída diretamente do seio da fenomenologia, sendo semiótico tudo que pertence ao reino da terceiridade, e, sendo mais propriamente fenomenológico, aquilo que pertence tanto ao reino da secundidade quanto da primeiridade.

Ocorre, no entanto, que Peirce levou a noção de signo tão longe, isto é, ele liberou a noção de signo tão profundamente das amarras racionalistas e logocêntricas, que uma mera ação, reação, acontecimento aqui e agora, ou seja, situações do domínio da secundidade também podem funcionar como signos, quase-signos ou signos degenerados em primeiro grau, conforme Peirce os batizou. Mas não parou aí. Ele levou a noção de signo tão mais além que uma simples qualidade ou uma mera qualidade de sentimento, espontânea, livre, leve e solta, que nitidamente pertence ao universo do primeiro, também pode funcionar como signo, ou melhor, quase-signo ou signo degenerado em segundo e mais alto grau.

Desse modo, não apenas a semiótica ou reino da terceiridade sai diretamente da fenomenologia, como também a fenomenologia é reinvestida dentro da semiótica, de onde se gera uma doutrina dos signos radicalmente original, antirracionalista, mas não irracionalista, que nos permite pensar desde um mero suspiro, um grito, uma música, um teorema, uma partitura, um livro e todos os fenômenos mais complexos que podemos imaginar, inclusive nossa própria imaginação deles, todos eles em seu funcionamento sígnico, isto é, como linguagens que são. Inclusive, evidentemente, a percepção que, em sua realidade de acontecimento sempre aqui e agora, está sob o domínio da secundidade, o que não significa que ela não tenha também a marca da terceiridade, pois é essa marca que lhe dá condições de generalidade para significar.

Entre as centenas de definições de signo, ou variações em torno de um mesmo tema, que Peirce nos legou, há uma que me agrada sobremaneira, por nos permitir perceber, senão todas, pelo menos boa parte das complexidades que residem na noção de signo. Passarei brevemente por essa definição, pois o leitor pode encontrar versões mais aprofundadas tanto no último capítulo do livro *A assinatura das coisas* (Santaella, 1992) quanto na obra *Teoria geral dos signos* (Santaella, 1995). Nesta, um dos capítulos é inteiramente dedicado às definições de signo, outro, às questões relativas ao objeto e um outro ainda, dedicado ao interpretante. Vejamos a definição.

Um signo intenta representar, em parte (pelo menos), um objeto que é, portanto, num certo sentido, a causa ou determinante do signo, mesmo que o signo represente o objeto falsamente. Mas dizer que ele representa seu objeto implica que ele afete uma mente, de tal modo que, de certa maneira, determina, naquela mente, algo que é mediatamente devido ao objeto. Essa determinação, da qual a causa imediata ou determinante é o signo e da qual a causa mediada é o objeto, pode ser chamada de interpretante. (CP 6.347)

O que imediatamente chama a atenção nessa definição – e talvez seja por isso que ela me agrade mais do que outras – é o grande número de modalizações do tipo: "em parte (pelo menos)", "num certo sentido", "de certa maneira", "pode ser"... Isso é indicativo da margem de indeterminação que cerca a definição. Embora seja rigorosamente lógica, há nela pelo menos dois bolsões de indeterminação: na relação do signo com o objeto e na relação do signo com o interpretante. Tendo isso em mente, pode-se extrair da definição:

a) que o signo é determinado pelo objeto, isto é, o objeto causa o signo, mas
b) o signo representa o objeto, por isso mesmo é signo;
c) o signo só pode representar o objeto parcialmente e
d) pode até mesmo representá-lo falsamente;
e) representar o objeto significa que o signo está apto a afetar uma mente, isto é, produzir nela algum tipo de efeito;
f) esse efeito produzido é chamado de interpretante do signo;
g) o interpretante é imediatamente determinado pelo signo e mediatamente determinado pelo objeto, isto é,
h) o objeto também causa o interpretante, mas através da mediação do signo.

Conclusão: o signo é algo (qualquer coisa) determinado por alguma outra coisa que ele representa. Essa representação produz um efeito, que pode ser de qualquer tipo (sentimento, ação ou representação), numa mente atual ou potencial, sendo esse efeito chamado de interpretante. Para funcionar como signo, basta alguma coisa estar no lugar de outra, isto é, representando outra. Basta qualquer coisa, independentemente de seu tipo, encontrar uma mente, que algum efeito será produzido nessa mente. Esse efeito terá sempre a natureza de um signo ou quase-signo. Ele é chamado de interpretante. Embora essas explicações estejam longe de esclarecer todas as sutilezas da definição, o que mais interessa colocar sob nosso foco de atenção é o objeto do signo, pois é a ele que as questões da percepção estão mais diretamente conectadas. Num artigo sob o título de "O objeto e a causação final na semiótica peirceana", Helmut Pape (1989) declara o seguinte:

Defendo o postulado de que a teoria dos signos de Peirce se baseia numa teoria dos objetos e, devido à importância do sistema da semiótica, a teoria dos objetos é crucial para toda a arquitetura e o escopo de sua filosofia. Ela conecta a teoria dos símbolos e a lógica simbólica com o pragmatismo e a sua classificação das ciências com a metafísica idealista. Em particular, mostrarei que a concepção do objeto do signo é crucial para sua análise da intencionalidade dos signos. Para Peirce, é o objeto que governa e unifica a relação triádica.

Excetuando-se a referência à metafísica idealista, atributo bastante problemático, quando parece haver cada vez mais um consenso sobre o realismo (cf. Houser, 1992), ou pelo menos o idealismo objetivo de Peirce, concordo com Pape na importância que ele dá ao objeto do signo. De fato, é às questões relativas ao objeto que estão ligadas as discussões ontológicas e mesmo epistemológicas do universo sígnico, assim como os problemas relativos à percepção. Uma vez que muitas citações extraídas de Peirce, acompanhadas de uma cuidadosa exegese, aparecem no capítulo sobre o objeto em Santaella (1995), passarei a expor, a seguir, sempre brevemente, algumas das dificuldades em que a noção do objeto está envolvida.

Tipos de signo e seus objetos

O primeiro passo para compreender o que, na tríade, denomina-se objeto é não confundi-lo com o que quer que possamos entender por "coisa". O objeto até pode ser uma coisa, mas, muitas vezes, não é. O signo pode denotar um objeto perceptível (que provavelmente terá alguma identidade com uma coisa), mas pode denotar também um objeto apenas imaginável ou mesmo insusceptível de ser imaginado. Enfim, o signo pode denotar qualquer objeto: sonhado, alucinado, existente, esperado etc. Além disso, na maior parte das vezes, o objeto não é algo individualizável. Dificilmente os signos terão um só objeto. Trata-se quase sempre de objetos complexos.

Desse modo, o objeto também não deve ser confundido estritamente com a noção de referente, como algo a que podemos ter acesso direto. Enfim, objeto é qualquer coisa que um signo pode denotar, a que ele pode ser aplicado, desde uma ideia abstrata da ciência, uma situação vivida ou idealizada, um tipo de comportamento, um filme, até um sonho, uma nesga de luz etc.

Para abrirmos caminho no labirinto das possíveis variações incluídas na noção de objeto, temos de compreender, para começar, que o objeto é algo diferente do signo. Mas isso só vale de modo absoluto para o signo genuíno, isto é, o signo triádico, não valendo senão relativamente para os signos degenerados. Essa distinção entre signos genuínos e degenerados, como já vimos, está baseada nas categorias. Quando a tríade é genuína, signo--objeto-interpretante, no sentido de que um signo representa um objeto, ele mesmo signo, e produz na mente interpretadora um efeito ou interpretante também da natureza de um signo, ele é chamado símbolo (no sentido peirceano, isto é, de signo convencional).

Tomemos, por exemplo, uma palavra, do tipo substantivo comum, qualquer substantivo comum, digamos, "estrela", o objeto dessa palavra não é uma estrela que vejo, aqui e agora, neste céu ao escurecer. É claro que esta estrela, aqui e agora, pode ser referida pela palavra "estrela", mas, para isso, temos de colocar um pronome demonstrativo antes da palavra "estrela". É esse demonstrativo que tem o poder de indicar "esta" estrela, para a qual posso apontar neste exato momento. Sem o pronome, que funciona como indicador, a palavra "estrela" não pode se referir a uma estrela particular, mas a um tipo de coisa, isto é, algo que tem um caráter tão geral quanto o da própria palavra.

Do mesmo modo, o efeito interpretativo, ou interpretante, que a palavra "estrela" produz é tão geral quanto ela mesma, ou seja, é outro símbolo. Se alguém lhe perguntar o que é uma estrela, para responder, você terá de usar algo semelhante a um sinônimo, exatamente aquilo que encontramos no dicionário: estrela = astro celeste. O significado do símbolo é, assim, outro símbolo. Temos aí a explicação do que é um signo relativamente genuíno. Digo relativamente porque o simples fato de o símbolo estar atualizado numa réplica em que ele, que é necessariamente abstrato e geral, materializa-se, já o faz perder seu caráter de genuinidade, adquirindo certas características de degeneração, isto é, passa a ter algo de situacional, provisório, passageiro, contingente, irrepetível.

Quando o signo não é algo geral como uma palavra, mas um fato, existente, singular, aqui e agora, estando ligado a alguma outra coisa também existente e singular, esse signo é da ordem da segunda categoria, da secundidade, e é chamado índice. Trata-se de um signo degenerado, porque todo o seu funcionamento como signo depende única e exclusivamente da relação dual, existencial, da conexão física entre ele e seu objeto, ficando reduzida a tarefa de um possível intérprete desse signo à simples constatação da existência da conexão. É assim que sabemos que nuvens negras indicam chuva iminente, que supomos a idade de uma pessoa pelos sinais que marcam toda a aparência de seu rosto e corpo etc.

No caso do signo degenerado em seu mais alto grau, o que se apresenta é uma simples qualidade, a qualidade reduzida a si mesma, cores sem forma, sons sem melodia, voz sem discurso, alegria sem pensamento, enfim, a pura qualidade desprendida de qualquer objetualidade, abstraída daquilo em que toma corpo. Ora, qualidades em si mesmas são altamente sugestivas. Podem se assemelhar a qualquer outra coisa, mas é só quando um intérprete qualquer estabelecer uma relação de comparação de uma qualidade com outra é que a qualidade poderá funcionar como signo. Ela estará no lugar de outra qualidade devido a uma comunidade de qualidades entre ela e a outra. Isso foi chamado de ícone por Peirce. Um tipo de signo que funciona como tal unicamente em virtude de atributos que ele possui, os quais eventualmente podem ser semelhantes aos atributos de outra coisa. Quando se estabelece a semelhança, então ele funciona como signo. Estamos, aí, como se pode ver, no universo das sugestões, hipóteses, conjecturas. Reino das coisas indefinidas, vagas, fracamente determinadas, mas de forte apelo entre o sensório e o imaginativo.

Evidentemente, as explicações anteriores são bastante redutoras. Há um grande número de questões, variações e misturas entre signos que requerem esclarecimentos tanto no caso do símbolo quanto no do índice e do ícone. Remeto, mais uma vez, o leitor interessado em um aprofundamento dos conceitos, acompanhados de um grande número de exemplos, ao capítulo intitulado "O signo revisitado", em Santaella (1995). De todo modo, as definições acima tiveram a intenção de estabelecer a ponte necessária para nos levar a compreender por que, só no signo genuíno, o objeto é necessariamente algo diverso do signo.

Signo é mediação

Além de ser diverso do signo, o objeto é também aquilo que determina o signo. Esta é uma noção-chave: o objeto determina o signo. Contudo, ele é um segundo em relação ao signo. A causa ou determinante do signo é um segundo, porque é o signo que ocupa a posição de primeiro elemento lógico da cadeia, sendo aquilo que representa o objeto. Isso significa que, diante de qualquer fenômeno de qualquer espécie, nossa apreensão desse fenômeno se dá inalienavelmente pela mediação do signo ou quase mediação, no caso dos signos degenerados. Portanto, o signo é logicamente um primeiro, aquilo que chamamos de fenômeno é semioticamente o objeto do signo, objeto que, por sua vez, determina o signo. É ao objeto que o signo deve sua existência.

Qualquer coisa que aparece à mente produz um efeito nela. Esse efeito é um primeiro em relação àquilo que aparece. Ao apreender aquilo que aparece, a mente imediatamente reage, produz algo. Esse algo é um primeiro, e aquilo que provoca o efeito é um segundo. Aí está: o signo surge como primeiro e aquilo que provoca o signo, ou seja, seu objeto, como segundo. A primazia lógica é do signo, mas a primazia real é do objeto. O objeto é determinante, mas só nos aparece pela mediação do signo. Somos seres mentais, o signo é um primeiro porque aquilo que a mente produz vem imediatamente na frente. Essa é a ideia de mediação. Mas, para compreendê-la em termos peirceanos, é preciso levar em conta que o efeito que a mente produz não precisa ser necessariamente racional. Pode ser da ordem de uma reação puramente física, ou, então, pode ser um mero sentimento com toda a evanescência que é própria de um sentimento.

Desse modo, o signo representa o objeto porque, de algum modo, é o próprio objeto que determina essa representação. Porém aquilo que está representado no signo não corresponde ao todo do objeto, mas apenas a uma parte ou aspecto dele. O signo é sempre incompleto em relação ao objeto.

Imaginemos um exemplo bem concreto. Você é testemunha de um acidente de carro que ocorre exatamente na sua frente, do outro lado da rua, quando você está parado na esquina, à espera do sinal verde para atravessar. Como se pode ver, nesse exemplo, seu testemunho em si pertence à secundidade, isto é, ao mundo das ocorrências singulares. Chamo a atenção para isso porque, quando se trata de qualquer evento, nível de secundidade, é mais fácil lidar com a exemplificação de um conceito. Continuando com o exemplo: vê-se, assim, que, entre o acidente ali ocorrido, na sua frente, e o seu testemunho dele, há um descompasso, isto é, seu testemunho não corresponde exatamente ao evento. Há uma disparidade entre ambos. Seu ângulo particular de visão, uma certa distância que você ocupava em relação ao acontecimento, o seu nível de atenção ou distração, os pensamentos que cruzavam por sua cabeça naquele exato instante deram-lhe um ponto de vista relativo, inevitavelmente incompleto, falível. O signo, isto é, seu testemunho, é algo diverso do objeto, o acidente em si, não obstante esteja direta e existencialmente conectado a ele.

Imaginemos uma continuação. Você fica tão chocado com o caso que, chegando em casa, começa a relatá-lo para sua irmã. O relato é verbal. Portanto, você tem de passar de um nível de dominância da secundidade para um nível de terceiridade relativamente dominante. Digo relativamente porque o objeto do discurso verbal, nesse caso, é um acontecimento de fato ocorrido, aliás, não é mais o acontecimento, mas o seu testemunho dele. Mais adiante veremos que, para esclarecer essa diferença, que acaba sempre existindo na relação entre signo e objeto, Peirce criou a distinção entre objeto imediato e dinâmico, além de trabalhar com a noção de experiência colateral, também necessária para entender a relação entre signo e objeto.

Ora, quando começa a relatar o acontecido, você deve ter o domínio do sistema de signos, no caso, a língua que você fala, para poder realizar o ato comunicativo com sua irmã. Então, a diferença entre o signo (o relato) e o objeto (seu testemunho do evento) aumenta mais ainda. Se o relato for feito um ano depois, os ardis da memória farão a diferença aumentar ainda mais. No livro *Grande Sertão: Veredas*, Guimarães Rosa nos apresenta passagens magníficas sobre os "balancês" que a memória produz no vivido. Mas, veja bem, no exemplo anterior, embora o signo seja um relato, feito de palavras, que são símbolos, o objeto é um existente, algo que de fato ocorreu, o que significa que o relato estará repleto de símbolos degenerados, isto é, símbolos que funcionam como índices, tais como pronomes demonstrativos, advérbios de lugar e tempo, pronomes pessoais etc.

Tentemos imaginar, no entanto, o objeto deste texto que estou escrevendo agora, e que você lerá num futuro que eu não sei qual é. Sobre esse futuro, aliás, não farei comentários, porque ele já é uma questão do interpretante. Fiquemos só no objeto do signo. Não se trata agora de um acontecimento existente, singular, visto que aquilo que estou buscando, nesse caso, é transmitir um entendimento (interpretante) a que cheguei acerca da noção de objeto do signo na semiótica peirceana. O objeto pode até ser um conjunto complexo de situações variadas em que li e tentei compreender os textos de Peirce, mas essas situações em si não compõem o objeto deste signo. Há ainda todas as situações de discussão com alunos, aulas que dei sobre isso, leituras de bibliografias secundárias, isto é, de outros intérpretes, participação em congressos e uma infinidade de outros componentes que me escapam e que ajudam a integrar o objeto deste signo. Ora, a diferença que existe entre este signo, ou seja, o texto que estou aqui enunciando, e seu objeto passa a ser quase incomensurável. A correspondência que porventura possa existir entre ambos é também um problema do interpretante, que não tenho a intenção de discutir aqui.

Se há sempre uma disparidade entre signo e objeto, se há entre ambos uma diversidade irredutível, se o signo é uma coisa e o objeto outra, isso significa que podemos ter outras vias de acesso ao objeto, além do acesso que determinado signo propicia. As vias de acesso que não dependem daquele signo específico, Peirce chama de experiência colateral, o que, de resto, note-se bem, não significa, de modo algum, acesso imediato, sem a mediação de algum tipo de signo, quer esse signo seja genuíno ou degenerado. Com a experiência colateral, Peirce quer dizer que há garantias de outros tipos de acesso ao objeto que não se reduzem àquele que é dado por um único signo.

Estou me alongando nessa questão porque ela é substancialmente importante para entendermos, mais adiante, o problema do falibilismo da percepção, isto é, a percepção pode falhar, mas também pode ser corrigida, se tivermos variados tipos de acesso ao objeto da percepção.

Por enquanto, contudo, é necessário gravar que, dependendo do tipo de signo, se ele é símbolo, índice ou ícone, seu objeto terá também uma natureza diferenciada. É por isso que tem de ser relativizado o fato de o objeto ser algo diferente do signo. No caso do índice, por exemplo, o signo é quase sempre uma parte do objeto de modo que o índice não é necessariamente diferente de seu objeto. No caso do ícone, então, essa diferença não fará mais a menor diferença, pois, no ícone, estamos lidando sempre com semelhanças. São elas as responsáveis pelas ligações que porventura possam existir entre signo e objeto.

Os tipos de objeto

Para entendermos melhor o conceito de objeto, entretanto, temos de levar em consideração que há dois tipos de objeto: o imediato e o dinâmico, cujas naturezas serão diferentes, dependendo de o signo ser um ícone, índice ou símbolo. Em termos gerais, o imediato é o objeto tal como está representado no signo, que depende do modo como o signo o representa, ou seja, o objeto que é interno ao signo. O dinâmico é o objeto que está fora do signo e que, lá de fora, o determina, ou seja, aquele objeto que, pela própria natureza das coisas, o signo não consegue expressar inteiramente, podendo só indicá-lo, cabendo ao intérprete descobri-lo por experiência colateral.

O objeto dinâmico, portanto, tem autonomia, enquanto o imediato só existe dentro do signo. Mas, uma vez que não temos acesso ao objeto dinâmico a não ser pela mediação do signo, é o objeto imediato, de fato, aquele que está dentro do signo, que nos apresenta o objeto dinâmico. O objeto dinâmico, como o próprio nome diz, não cabe dentro de apenas um signo. Por isso mesmo, pode ser representado de uma infinidade de maneiras por meio dos mais diversos tipos de signo. É por isso que costumo dizer que a febre da vida, ou a matéria vertente do vivido, não cabe nos signos, justamente porque ela é vertente. O objeto dinâmico é infinitamente determinado. Cada signo representa apenas algumas de suas determinações. Essa distinção entre objeto dinâmico e imediato é engenhosa e extremamente necessária para que a noção de objeto faça sentido.

Pensemos num exemplo. A *pop star* Madonna que hoje está, como sempre, na crista da onda, porque trocou mais uma vez de parceiro, se é que essa informação pode ser considerada verdadeira, e não uma mera invenção de objetos imediatos (que representam o objeto dinâmico falsamente) de alguma imprensa sensacionalista. Tudo que já se falou dessa celebridade, todas as infinitas fotos, em infinitas variações, com suas roupas e apetrechos provocantes, seus penteados sempre renovados, seus vídeos desconcertantes, são todos signos que apresentam, cada um deles, a cantora de determinado modo, parcial, incompleto. Uma foto tem características que lhe são próprias, diferentes de um filme ou de um vídeo da *star* que, por sua vez, é diferente de uma matéria escrita sobre ela em um jornal ou revista. Cada um desses tipos de signo, em seu modo particular com que representa a mulher real, vivente, que existe independentemente de todos esses signos, tem um objeto imediato interno ao signo e que, embora represente o objeto dinâmico, a mulher existente, não o representa totalmente.

O que a distinção entre objeto imediato e dinâmico, ao fim e ao cabo, acaba demonstrando é que o objeto imediato funciona como uma mediação entre o signo e o objeto dinâmico. Do mesmo modo que o signo é uma mediação entre o objeto e o interpretante, o objeto imediato é uma mediação entre o signo e o objeto que o determina. Em síntese, se o signo é determinado pelo objeto, alguma correspondência, de algum tipo, deve haver entre ele e a sua determinação. Ou, dito de outro modo, o signo só pode representar seu objeto, porque há algo no signo que o torna capaz de ser aplicado, de denotar esse objeto.

Signos, objetos imediatos e objetos dinâmicos

O que tudo isso significa é que o objeto imediato é o próprio objeto dinâmico, não o objeto dinâmico em si, mas tal como o signo o faz aparecer (nível de primeiridade), tal como o signo está conectado a ele (nível de secundidade) e tal como o signo o torna conhecido, ou nos deixa conhecê-lo (nível de terceiridade). Desse modo, se o signo é um ícone, seu objeto imediato será um descritivo (aquele que representa seu objeto dinâmico declarando seus caracteres) e seu objeto dinâmico será apenas um possível. Se o signo é um índice, seu objeto imediato será um designativo, ou denotativo, ou denominativo ou indicativo, e seu objeto dinâmico será uma ocorrência. Se o signo é um símbolo, seu objeto imediato será um copulante, de que "se... então" é o melhor exemplo, e seu objeto dinâmico será um necessitante.

Essa indicação de nomes diferentes é importante para se perceber que se trata de coisas diferentes. Mudando a natureza do signo, isso significa que a natureza de seu objeto também será diferente. Mas passemos aos exemplos para que os conceitos se encarnem.

No caso do símbolo, o objeto dinâmico seria o objeto nas relações em que um estudo ilimitado e final o mostraria. Mas, como não podemos nunca saber qual é esse estado final, só conhecemos do símbolo seu objeto imediato, que é aquilo que o símbolo denota de seu objeto dinâmico num certo ponto da semiose. É por isso que tenho de confessar ao leitor que este livro só será capaz de transmitir certo estágio, aquele que tenho agora, de meu conhecimento da teoria peirceana da percepção. Aliás, o objeto imediato de um texto, via de regra, não chega a atingir nem mesmo esse nível, pois sempre sabemos um pouco mais sobre uma investigação que fizemos do que aquilo que, de fato, conseguimos transmitir dela. Há fatores como a luta com a linguagem, a fadiga, certos desalentos e mesmo descrenças que nos fazem sempre parar em um certo ponto. Borges dizia que publicamos livros para não passar a vida corrigindo rascunhos.

Quando se trata do índice, os exemplos são sempre mais fáceis de descrever. Vejamos um exemplo que Peirce gostava muito de citar, o do cata-vento. O que o objeto imediato desse signo nos indica do objeto dinâmico não é muita coisa, apenas se há vento ou não, e, havendo, ele nos indica a direção e a intensidade. Ora, tudo o mais que queiramos saber sobre o vento (objeto dinâmico), só outros objetos imediatos de outros signos podem nos transmitir e, mesmo assim, sempre restará algum aspecto que ficará para outros signos apresentarem e assim *ad infinitum*.

Quanto ao ícone, seu objeto imediato é sua própria materialidade. O primeiro de alguma coisa é o material de que é feito. Se acontecer de essa materialidade apresentar semelhanças na qualidade com as qualidades de outras materialidades, então o objeto dinâmico será criado *a posteriori*, no momento em que uma mente interpretadora estabelecer a conexão de semelhança ligando essas qualidades.

Com isso, creio que se completa razoavelmente o quadro sintético dos objetos dos signos, ponte imprescindível para que se possa chegar à noção de percepção. Não é difícil já daqui se adiantar que a percepção tem uma natureza híbrida entre a fenomenologia e a semiótica. Pode-se dizer que ela ocupa o ponto exato em que esses dois reinos se cruzam.

Capítulo 4

Teoria da percepção I: os intérpretes de Peirce

Não são muitos os estudiosos da obra de Peirce que se dispuseram a decifrar seus escritos sobre a percepção. É opinião quase corrente que tudo que ele disse a respeito dessa questão, à primeira vista, parece incompleto, inconsistente e dificilmente relevante à discussão contemporânea. O que se passa, na maioria das vezes, é que falta aos estudiosos uma visão mais completa do conjunto dos textos peirceanos sobre a percepção. Se ignorarmos, por exemplo, os textos mais tardios, escritos entre 1902 e 1905, ficaremos, de fato, com uma visão extremamente confusa dessa teoria, porque, de resto, Peirce, ele mesmo, antes disso, ainda não havia resolvido impasses cruciais, que só foram tocados na primeira década do século XX, quando ele já estava na casa dos 60 anos.

Neste capítulo, recuperarei quase todos os textos dos intérpretes da teoria da percepção peirceana. Embora nenhum desses textos seja muito longo, a tarefa não é fácil, especialmente porque Peirce não deixou nada de definitivo sobre isso. Assim, cada um dos intérpretes, na tentativa de completar e dar acabamento à teoria, acabou por criar uma teoria, até certo ponto, diferencial. Para colocá-las em confronto, temos de dar conta de detalhes bastante sutis que marcam as diferenças entre umas e outras. Esta bibliografia comentada, que apresentarei aqui, não seguirá a ordem cronológica do aparecimento dos textos, mas a ordem de complexidade dos problemas, indo dos mais simples para os mais complexos.

A teoria da percepção no contexto de uma filosofia realista

Num artigo de 1970, R. F. Almender procurou demonstrar a consistência da teoria peirceana da percepção, argumentando que, por estar sustentada em uma postura metafísica realista, essa teoria é epistemologicamente coerente. Peirce afirmou, sem hesitações, que aquilo que nós percebemos é o percepto. O que está lá, fora de nós, e que nos chega, que é apreendido num ato de percepção, chama-se percepto. Mas qual é o estatuto ôntico do percepto?

Apoiado numa filosofia realista, elaborada ao longo de muitos anos, filosofia que nos fornece justificativas para nossa crença na existência de um mundo real que independe daquilo que eu ou você, em nossa individualidade, podemos pensar ou fantasiar acerca dele, Peirce afirmava que o percepto é aquilo que tem realidade própria no mundo que está fora de nossa consciência e que é apreendido pela consciência no ato perceptivo. Com isso, diz Almender, ele também nos fornece contra-argumentos para as teorias que têm de recorrer a "dados dos sentidos" para explicar a percepção. A teoria peirceana, ao contrário, é capaz de explicar o que nós percebemos quando alucinamos, devaneamos etc., sem precisar apelar para os protocolos dos dados dos sentidos. Desse modo, trata-se de uma teoria que apresenta respostas surpreendentemente contemporâneas para as questões da percepção.

A natureza ôntica do percepto

Para que o ponto de partida de Peirce, aquele que postula a natureza ôntica do percepto, fique mais claro, vejamos as perguntas que podem e comumente são feitas acerca daquilo que constitui o objeto da percepção. É o percepto alguma espécie de entidade representativa não física, uma imagem, aparência, ou cópia por meio da qual inferimos a natureza e a existência daquilo que ela professa representar ou copiar? É o percepto meramente uma entidade psíquica ou construção mental dos dados dos sentidos de modo que os perceptos não têm existência independente dos atos perceptivos? Ou o percepto é um objeto (digamos, um objeto físico) de tal modo que os perceptos existem mesmo que ninguém os esteja percebendo? (Almender, 1970, p. 100). O que, afinal, nós percebemos num ato perceptivo?

Para responder, transcreverei uma passagem bastante longa, mas admiravelmente esclarecedora, como Almender, aliás, também a transcreveu, na qual Peirce apresentou, por meio de um exemplo extraído do cotidiano, sua posição acerca dessas perguntas. Não acreditando em nada que não pode ser percebido, ele dizia:

> Mas a pergunta que se levanta é a seguinte: o que é que nós percebemos? De nada adianta respondê-la escolasticamente com uma definição arbitrária que pode ser desconsiderada. Vamos, ao contrário, partir de exemplos familiares, e tendo percebido que relação eles têm com a formação de opiniões científicas, fundá-los sobre uma definição que deve cobrir tudo que assim se relaciona com o conhecimento, e mais nada.

> Digamos que, enquanto estou aqui sentado, escrevendo, vejo do outro lado de minha mesa uma cadeira amarela com uma almofada verde. Isso deve ser o que os psicólogos chamam de um "percepto" (*res percepta*). Eles também chamam de uma "imagem". Não vou brigar com esse termo, contanto que tenhamos precaução contra a falsa impressão que ele pode insinuar. Quer dizer, uma imagem usualmente significa algo que intenta represen-

tar – virtualmente professa representar – alguma outra coisa, real ou ideal. Assim entendida, a palavra imagem seria um nome equivocado para percepto. A cadeira, que me parece ver, não professa nada de espécie alguma, essencialmente não corporifica nenhum tipo de intenção, não está para outra coisa. Ela se impõe ao meu olhar; mas não como um deputado de qualquer outra coisa, não "como" qualquer coisa. Ela simplesmente bate à porta de minha alma e fica lá na soleira.

Ela é muito insistente para todo o seu silêncio. Seria inútil que eu tentasse negá-la, dizendo "Ora, não acredito na cadeira". Sou forçado a confessar que ela aparece. Não apenas aparece, mas me perturba, até certo ponto. Não posso pensar que a aparência não está lá, nem posso dispensá-la como faço com uma fantasia. Só posso me livrar dela pela execução de uma força física...

Assim é o percepto. Pois bem, qual é a sua responsabilidade lógica sobre o conhecimento e a crença? Isso pode ser resumido em três itens: a) ele contribui com algo positivo (assim, a cadeira tem quatro pernas, assento e encosto, em cor amarela, sua almofada é verde etc.). Apreender isso é uma contribuição ao conhecimento; b) ele compele o receptor a reconhecê-lo; c) ele não oferece qualquer razão para esse reconhecimento nem tem qualquer pretensão de razoabilidade. Ao contrário, o percepto é completamente mudo. Ele age sobre nós, força-se sobre nós, mas não apresenta razões nem apela a nada como suporte.

Digamos então que, para os propósitos da lógica, qualquer coisa deve ser classificada sob a espécie da percepção quando, num conteúdo qualitativo positivo, forçar-se sobre nosso reconhecimento sem qualquer razão. Haverá um campo mais vasto de coisas que compartilham o caráter da percepção, se houver qualquer material cognitivo que exerça uma força sobre nós, tendendo a nos fazer reconhecê-lo, sem qualquer razão adequada (CP 7.618-23).

Tendo essa última sentença gravada em nossa mente, com toda a ampliação que ela possibilita sobre o que é um fato perceptivo (observe que basta algo se forçar ao nosso reconhecimento, aí estará ocorrendo uma percepção), passo às inferências mais imediatas que essa passagem incita. O percepto não é uma imagem ou qualquer coisa do tipo a partir da qual inferimos a natureza de alguma outra coisa. O que nós percebemos, num ato de percepção, é algo que aparece de certo modo. Algo insistente, impositivo, mudo, que não somos nós, ou melhor, não é nossa mente que cria.

Evito concluir aí, como o fez Almender, que aquilo que percebemos é um objeto físico. Pode até ser, em alguns casos, mas isso seria restringir demais a natureza do percepto, o que não me parece corresponder ao que Peirce queria significar por aquilo que apreendemos no processo perceptivo. O que devemos reter é que o percepto é sempre forasteiro, no sentido de que se força sobre nós, é exterior a nós, sem qualquer passaporte de legalização, preenchendo os requisitos daquilo que Peirce chamava de existente, que não precisa ser necessariamente um objeto físico, como quer Almender.

A ambiguidade do percepto

O percepto, no entanto, é apenas um dos componentes do processo perceptivo. E, infelizmente, devo confessar ao leitor, ainda estamos longe de seu esclarecimento. Há ambiguidade ou tensões nos escritos de Peirce também no que se refere especificamente ao percepto. Essa ambiguidade diz respeito a duas espécies antagônicas de descrições do percepto. De um lado, conforme aparece na passagem que foi transcrita logo acima, e em muitas outras (ver CP 5.53, 7.659, 7.630, 1.532, 7.538, 1.324, por exemplo), os perceptos não são apresentados como tendo uma natureza mental, não são construções mentais. São, ao contrário, iniciadores compulsivos do pensamento, insistentes e exigentes, incontroláveis e precognitivos. De outro lado, há passagens em que Peirce dá ao percepto um caráter mental.

É claro que há elementos generalizadores, racionais mesmo, na percepção, e que envolvem esquemas mentais. Esses elementos, contudo, fazem parte do que Peirce chamava de julgamentos de percepção ou juízos de percepção, como veremos mais adiante. Mas aquilo que estamos discutindo, neste momento, é tão somente a natureza do percepto, isto é, do objeto, fonte da percepção. Enfim, qual é o estatuto daquilo que é percebido e corresponde, grosso modo, àquilo que também costuma ser chamado de estímulo?

Muito bem, há passagens em Peirce nas quais o percepto é algo externo a nós, algo que não pode ser exaurido no ato perceptivo, porque resiste em sua independência. Mas há também referências em que o próprio percepto já é considerado um produto mental. Vejamos uma sequência de citações nas quais o percepto aparece como uma construção mental.

> Não obstante sua primitividade aparente, todo percepto é produto de processos mentais, ou, de qualquer modo, de processos que são mentais para todos os intentos e propósitos (CP 7.624). Nenhuma cognição e nenhum signo é absolutamente preciso, nem mesmo um percepto. (CP 4.524)
> Nossos próprios perceptos são resultados de elaboração cognitiva. (CP 5.146)

Diante dessa tensão, aparentemente insolúvel, a partir de uma passagem em que Peirce apresentou um terceiro termo para a dicotomia entre percepto e julgamento de percepção, R. Bernstein (1964), num artigo pioneiro e antológico, propôs uma possível solução para resolver o impasse.

Uma solução para o impasse

A passagem a que Bernstein recorreu, extraída do próprio Peirce, diz o seguinte:

> Nada podemos saber sobre o percepto a não ser pelo testemunho do julgamento de percepção, exceto o fato de que nós sentimos o golpe do percepto, a reação dele contra nós, assim como ve-

mos seus conteúdos arranjados num objeto, em sua totalidade – excetuando-se também, certamente, o que os psicólogos são capazes de extrair inferencialmente. Mas, no momento em que fixamos nossa mente sobre ele e pensamos a respeito de seu menor detalhe, é o julgamento perceptivo que nos diz o que nós assim percebemos. Por essa e outras razões, proponho considerar o percepto, tal como ele é imediatamente interpretado, no julgamento de percepção, sob o nome de *percipuum*. (CP 7.643)

Esse escrito de Peirce é de 1903, um texto tardio, portanto. A solução, apontada por Bernstein, é muito convincente. Ele propõe que, para resolver a ambiguidade entre os dois sentidos que estava dando para percepto, Peirce criou um terceiro termo, *percipuum*. Este corresponderia ao que se considerava o lado mental do percepto.

Desse modo, o percepto, em si, seria aquilo que, até certo ponto, independe de nossa mente. Corresponde ao elemento não racional, que se apresenta à apreensão de nossos sentidos. O *percipuum* já seria o percepto tal como ele se apresenta no julgamento de percepção. Seria o percepto, portanto, na sutil, mas marcante mudança de natureza por que passa ao ser incorporado à nossa mente, ao nosso processamento perceptivo.

A proposta de Bernstein para solucionar a pretensa ambiguidade entre os dois sentidos de percepto parece-me imediatamente convincente, porque, em minhas leituras prévias de Peirce, nunca chegara a colocar muita ênfase nessa ambiguidade. A continuação da longa passagem sobre a cadeira amarela (CP 7.618-23), citada anteriormente, sempre me pareceu extremamente instrutiva para separarmos aquilo que pertence ao percepto, como interpretado, isto é, já fazendo parte das inferências que são próprias do julgamento de percepção, e o percepto que está fora desse julgamento. Vejamos a continuação da citação:

Um percepto visual obstrui-se em mim, em sua inteireza. Não estou, desse modo, consciente de qualquer processo mental pelo qual a imagem foi construída. Os psicólogos, no entanto, são capazes de dar algum relato da questão. Desde 1709, eles são proprietários de provas suficientes (tal como muitos deles concordam) de que, não obstante sua primitividade aparente, todo percepto é produto de processos mentais, ou, de todo modo, de processos que são mentais para todas as intenções e todos os propósitos, embora não estejamos diretamente conscientes deles; não sendo pouca a complexidade desses processos. Os psicólogos muito razoavelmente argumentam que as primeiras impressões, que marcam os sentidos, devem ter sido sentimentos de qualidades dos sentidos – digamos cores, sons etc. – desconectados uns dos outros, e não parecendo se opor a um ego como objetos, e parece que isso deve ter sido verdadeiro desde as primeiras impressões produzidas sobre os sentidos na história do desenvolvimento mental, não importa quão longe os sentidos do homem individual de hoje estejam da capacidade de apreender esse complexo imediatamente. Mas isso é bem inferencial. Nós estamos, é certo, diretamente atentos às qualidades positivas dos sentidos no percepto (embora no percepto em si mesmo, elas não estejam, de modo algum, separadas do todo do objeto); mas inferir daí que elas estão primeiramente desconectadas e não objetivadas, isso não passa de uma teoria psicológica. (CP 7.624)

Notável na passagem, em primeiro lugar, é o argumento que ela oferece a favor da gestalt. Os gestaltistas negavam que a percepção fosse precedida de átomos de sensações. Postular esses átomos de sensação, segundo Peirce, não passa de uma inferência teórica e, portanto, passível de refutação. Em segundo lugar, quando Peirce afirma que todo percepto é produto de processos mentais, afirmação, aliás, que é, logo a seguir, modalizada ("ou, de todo modo, de processos que são mentais para todas as intenções e todos os propósitos"), ele está comentando aquilo que os psicólogos afirmam. Mesmo que ele concorde com isso, concordância que, conforme apontamos, ele modaliza, a afirmação não vem diretamente dele.

A percepção no registro da semiose

Penso que o verdadeiro motivo que tenha me levado a não colocar muita ênfase em uma possível ambiguidade do percepto está no fato de que sempre tive a tendência de ler a teoria peirceana da percepção dentro da moldura lógica da semiose, quer dizer, da ação do signo, pois, ao fim e ao cabo, o que ocorre no processo perceptivo é também uma ação sígnica. Se o percepto é aquilo que está fora e se apresenta aos sentidos, sendo apreendido pela mente, ele só pode estar funcionando semioticamente como objeto dinâmico.

Ora, se o objeto dinâmico da percepção é o percepto, deve logicamente haver, dentro do signo, um objeto imediato, que funcione como mediação entre o percepto, que está fora, e o signo, que está dentro, e que, no caso, só pode ser o julgamento de percepção. Pois bem, a postulação do *percipuum*, dada por Peirce ele mesmo, só veio introduzir o elemento que faltava, confirmando a ideia de que o *percipuum* seria exatamente o elemento que funcionaria como objeto imediato.

De resto, mesmo que Peirce não tivesse criado outro nome para o percepto tal como interpretado, a tendência lógica seria a de ler o outro sentido do percepto, o sentido mental, como cumprindo a função do objeto imediato, ou seja, aquele objeto que, conforme já vimos no capítulo anterior, tem primazia lógica sobre o objeto dinâmico, o que significa que, na percepção, o percepto, tal como interpretado ou *percipuum*, do ponto de vista da mente que interpreta, é logicamente anterior ao percepto, enquanto este desempenha o papel de causa ou determinante do julgamento de percepção.

Foi assim que, em minha leitura, embora bastante coincidente com a interpretação de Bernstein, apresentei mais esse dado novo que não constava do texto de Bernstein, a saber, a análise do processo da percepção de acordo com a lógica expressa na semiose. Assim, a introdução do termo *percipuum* não corresponde a uma mera sofisticação terminológica. Se aplicarmos a rede da semiose sobre os ingredientes da percepção, torna-se evidente que o percepto desempenha o papel lógico do objeto dinâmico, enquanto o *percipuum* desempenha o papel do objeto imediato e o julgamento de percepção está no papel do signo.

Há outros aspectos ainda do texto de Bernstein que são igualmente admiráveis, quando trata do problema da falibilidade e indubitabilidade do julgamento perceptivo, senão vejamos.

O julgamento de percepção e a inferência abdutiva

Antes de apresentar a leitura que Bernstein faz do julgamento de percepção, recordemos a tríade: em toda percepção, há um elemento de compulsão e insistência, uma insistência inteiramente irracional que corresponde à teimosia com que o percepto resiste em sua singularidade, compelindo-nos a atentar para ele. É algo que está fora de nós e fora do nosso controle. Esse é o percepto, objeto dinâmico da percepção, quer dizer, aquilo que determina a percepção.

A percepção é determinada pelo percepto, mas este só pode ser conhecido através da mediação do signo, que é o julgamento da percepção. Para que esse conhecimento se dê, o percepto deve, de algum modo, estar representado no signo. Aquilo que representa o percepto, dentro do julgamento perceptivo, é o *percipuum*, meio mental de ligação entre o que está fora e o juízo perceptivo, que já é fruto de uma elaboração mental.

Os julgamentos de percepção são inferências lógicas, elementos generalizantes que pertencem à terceiridade e que fazem com que o *percipuum* se acomode a esquemas mentais e interpretativos mais ou menos habituais. São os juízos perceptivos que nos dizem, por exemplo, que o cheiro que estamos sentindo é de brócolis cozido, que aquilo que estamos vendo é uma lua cheia solitariamente iluminando o céu etc.

Contudo, embora sejam inferências lógicas, trata-se de julgamentos que se forçam sobre a nossa aceitação e reconhecimento por meio de processos mentais sobre os quais não temos o menor domínio consciente. Quer dizer, processos que estão totalmente fora de nosso controle, o que, vindo de Peirce, não é de se estranhar, visto que ele vê todo e qualquer processo mental como mergulhando em processos que não ficam explicitamente disponíveis à consciência. Em seu estudo sobre "A lei da mente" (Peirce, 1992, p. 312-333), ao analisar os intervalos dentro dos quais ideias passadas se relacionam com ideias presentes e futuras, ele discute o papel do pensamento abaixo da superfície da consciência. Que os julgamentos de percepção, ou primeiras premissas de nossos pensamentos, venham de processos mentais fora de nosso domínio consciente, deveria ser algo esperado no contexto da obra de Peirce.

Mas a que tipo de julgamentos pertencem, enfim, os julgamentos de percepção? Segundo Bernstein, aí está um dos *insights* mais originais de Peirce. Ele comparou o julgamento de percepção com as inferências abdutivas. A abdução é um dos tipos de inferência ou também um dos tipos de raciocínio entre os três que compõem a lógica crítica segundo Peirce: abdução, em nível de primeiridade; indução, em nível de secundidade; e dedução, em nível de terceiridade. A abdução foi uma criação de Peirce. Antes dele, só a indução e a dedução eram levadas em conta como tipos de raciocício ou métodos. Além de ter criado a abdução, ele também modificou a compreensão estrita que se costuma ter da indução e dedução.

Uma vez que um aprofundamento disso pode ser encontrado em Santaella (2004a), limito-me a fornecer aqui breves explicações sobre a natureza da abdução. Trata-se de um quase-raciocínio, instintivo, uma espécie de adivinhação, altamente falível, mas o único tipo de operação mental responsável por todos os nossos *insights* e descobertas. Sem ele, o homem perderia a capacidade de descobrir, do mesmo modo que, sem asas, os pássaros seriam incapazes de voar. Assim, a abdução funciona como "o processo para se chegar a uma hipótese explanatória" (CP 5.171) acerca dos fatos que nos surpreendem, porque ainda não dispomos de uma explicação para eles.

Não há uma linha de separação muito rígida entre os julgamentos de percepção e as inferências abdutivas. "Em outras palavras, nossas primeiras premissas, os julgamentos perceptivos, devem ser consideradas casos extremos de inferência abdutiva" (CP 5.181). É certo que os julgamentos perceptivos, como juízos que são, dependem de princípios condutores que são gerais e habituais, do domínio da terceiridade. No entanto, se eles são casos extremos de inferência abdutiva, então há sempre algo de hipotético e, consequentemente, falível, nesse tipo de julgamento. Nossa vida, em qualquer instante, por mais corriqueiro que seja, está cheia de exemplos de situações em que nossa percepção falha. Julgamos ter visto uma coisa, mas, logo depois, nos damos conta de que erramos. Não era o que pensávamos ter visto.

Se julgamento perceptivo e abdução têm semelhanças, o que, então, os diferencia? Ambos são igualmente falíveis, porque hipotéticos. No entanto, o julgamento de percepção tem algo de insistente, compulsivo, algo que obstrui nosso caminho e que somos obrigados a reconhecer, enquanto a inferência abdutiva é mais gentil. Ela nasce em momentos de soltura, de entretenimento quase lúdico do pensamento consigo mesmo, por isso é destituída de certeza. O julgamento de percepção, ao contrário, embora falível, é indubitável. Nossa vida ficaria insana, esquizofrênica, não conseguiríamos sequer sobreviver, se estivéssemos a todo instante colocando nossos julgamentos de percepção em dúvida. Por isso mesmo, nossas abduções podem e devem ser submetidas à crítica, enquanto os julgamentos de percepção não.

A última questão que se coloca, enfim, é a da diferença entre os julgamentos perceptivos e os outros tipos de julgamento. A resposta não é difícil. Os perceptivos são formados por mecanismos mentais que escapam totalmente ao nosso controle e domínio, enquanto os outros tipos de juízo podem ser submetidos à crítica, podendo haver até regras e treinamento mental para desenvolvê-los com mais propriedade. Quanto aos perceptivos, acontece, simplesmente acontece, sermos criaturas que percebem do modo como percebemos, ou seja, já estamos equipados com um tipo de dinâmica mental que chega a julgamentos de percepção, sem que tenhamos qualquer controle sobre o modo como eles são produzidos.

Todos os elementos necessários à compreensão da percepção parecem, com isso, se encaixar gentilmente, isto é, sem entraves. Assim pensei durante algum tempo, até ter contato com os textos sobre a teoria da percepção peirceana de dois autores que são fundamentais a quem quer que busque entender e se aprofundar nessa teoria: S. Rosenthal (1969 e 1992) e C. H. Hausman (1990). O texto de Hausman, sob o título sugestivo de "Dentro e fora dos perceptos peirceanos", é especialmente complexo. De certa forma, nos obriga a rever os esquemas através dos quais julgávamos entender as questões da percepção em Peirce.

Dentro e fora dos perceptos

Hausman (1990, p. 272) partiu da proposta de que devemos levar Peirce a sério no seu propalado objetivo de edificar uma arquitetura. Se a arquitetura, de fato, marca os tópicos e as afirmações com que Peirce lidou, então aquilo que à primeira vista poderia parecer conflituoso, mesmo contraditório, corresponde na realidade, a diferentes ênfases na experiência, conduzindo a direções muitas vezes oponentes e que Peirce tentou integrar dentro de sua arquitetura. Assim, nessa arquitetura, não podemos esperar que todas as tensões, especialmente as mais fundamentais, desapareçam. Conforme Hausman, Peirce concordaria com o fato de que temos de conviver com elas.

Diante do conflito criado pelos dois tipos de formulação do conceito de percepto, apresentados por Peirce, Hausman toma um caminho interpretativo diferente de Bernstein, contando, na montagem de seus argumentos, com o auxílio de quatro noções-chave da arquitetura peirceana, como se segue:

a) o conceito de objeto imediato e dinâmico,
b) a primeiridade à luz do conceito de *medad*,
c) a ideia de abdução e
d) a ideia de continuidade que é requerida pela explicação que Peirce nos deu das relações temporais entre pensamentos.

Para Hausman, devemos manter os dois sentidos dados por Peirce ao percepto, em vez de tentarmos anular esse conflito através do conceito de *percipuum* que, segundo a proposta de Bernstein, como vimos anteriormente, substituiria o segundo conceito de percepto concebido como produto mental. Forneço abaixo uma sequência de passagens em que Hausman nos apresenta o significado que ele emprestou ao percepto 2 e os argumentos para mantê-lo.

> O que quero dizer por "percepto(2)" não é meramente o percepto como interpretado, pois o percepto(1) *como interpretado*, é, eu suponho, o julgamento perceptivo.

O percepto(2) é uma consequência de ser o objeto em relação ao qual o julgamento como um signo está para um interpretante.

O percepto(2), então, deve se referir ao resultado da generalização do elemento incontrolável, percepto(1), na determinação do objeto do julgamento perceptivo. É o percepto, considerado do ponto de vista do objeto, que é aquilo a que o julgamento de percepção se refere.

Ambos os sentidos compartilham a condição de pressão ou compulsão sobre a interpretação. No primeiro sentido, a compulsão é incontrolável e não interpretada. No segundo sentido, a compulsão, embora ainda um elemento incontrolável, contribui para a interpretação que ocorreu. [...]

O percepto(1) é compulsão na insistência bruta e incontrolável. E há, subsequentemente, percepto(2), que é o resultado determinado e parcialmente final que aparece como referente do julgamento. Ele tem compulsão na forma de insistência sustentada que funciona no resultado da percepção controlada, construída e interpretada – o resultado do julgamento de percepção. (p. 278-281)

Resumindo, o percepto(1), sobre o qual não parece pairar nenhuma controvérsia, é o elemento incontrolável, em sua insistência e compulsividade. Já o percepto(2), cujo sentido parece mais difícil de captar, também é insistente e compulsivo, mas trata-se agora de um resultado da generalização do percepto(1), ou melhor, ele se constitui o objeto do julgamento perceptivo, objeto que contribui para a interpretação que ocorreu, definindo-se, por fim, como o referente do julgamento de percepção. Mais adiante, Hausman discute, então, por que o percepto(2) não se confunde com o *percipuum*, e por que ele deve ser um conceito necessário, suplementar ao de *percipuum*:

Se o *percipuum* é um terceiro elemento, então, parece-me que ele não pode ser equacionado com o referente do julgamento formulado, quer dizer, o objeto da interpretação do percepto(1). Além disso, aquilo que inclui tanto o percepto quanto o julgamento de percepção, deve desempenhar um papel mediador através do qual os julgamentos se originam inicialmente da prontidão do percepto(1) e terminam na resistência do percepto(2).

[...] O que nós percebemos, quando o julgamento de percepção nos diz sobre o que é que nós assim percebemos, é aquilo a que Peirce se refere como sendo o "percepto" no segundo sentido, que deve ser o referente da interpretação imediata do percepto(1). [...] Entretanto, como já sugeri, há razão para evitar equacionar o *percipuum* com o percepto(2), [...] porque este é aquilo a que as interpretações imediatas se referem. (p. 283-284)

A conclusão, que parece se delinear aí, é que o *percipuum* é tomado como meio através do qual o percepto(2) pode surgir como referente da interpretação que se manifesta no julgamento de percepção. Como argumento para essa análise, Hausman introduz esses elementos no quadro dos componentes semióticos. Conclui, assim, que o percepto(1) equivale ao objeto dinâmico e o *percipuum* ao objeto imediato. Este é o feixe de aspectos por meio dos quais o signo está para o seu objeto dinâmico. "Quando o referente é o objeto completo da interpretação, os aspectos nos quais o objeto está representado qualificam o objeto interpretado." Hausman sugere que os aspectos que compõem o objeto imediato são correlativos ao que é considerado o percepto(2), que, por sua vez, corresponde aos resultantes referenciais dos objetos dos julgamentos perceptivos. Logo a seguir, acrescenta que o percepto(2) se refere ao objeto imediato (p. 284-285).

Tentando sintetizar para facilitar a apreensão dos conceitos, temos: o referente é o objeto completo da interpretação; o percepto(2) é correlativo aos aspectos que compõem o objeto imediato; o objeto imediato é aquilo a que o percepto(2) se refere; o percepto(2) são as resultantes referenciais dos objetos dos julgamentos perceptivos. Hausman conclui, então, que os perceptos(2) retêm a insistência da determinação do objeto imediato pelo percepto(1) ou objeto dinâmico, sintetizando, a partir disso, que

> o referente é a apresentação do percepto. É um percepto(2), resultado tornado possível pelo *percipuum*, que tem um estatuto semiótico originário, ou um estatuto cognitivo de um objeto imediato. Mas é preciso ser enfatizado que o referente do julgamento também não está dissociado do percepto(1), no qual domina um objeto dinâmico não interpretado, que tem um estatuto semiótico precognitivo. O referente de um signo é determinado por seu objeto, tanto quanto o signo também é. O objeto, isto é, o objeto dinâmico se força sobre a interpretação através do percepto(1). Assim, ele pressiona o que é representado de modo que o *percipuum* se torna o objeto imediato, mas constrangido como percepto(2). (p. 286)

Como se vê, a complexidade desse texto é notável, daí a necessidade de segui-lo cuidadosamente, passo a passo. Vale notar que, não obstante a grande diferença que separa a minha interpretação dessa de Hausman, com respeito ao *percipuum* e sua proposta de manutenção do conceito de percepto(2), há uma grande identidade entre minha análise e a de Hausman na correspondência dos componentes semióticos. Quer dizer, *o percepto(1), para nós, é decididamente o objeto dinâmico da semiose perceptiva e o* percipuum, *decididamente o objeto imediato*. Separamo-nos, no entanto, porque, em meu ponto de vista, o segundo sentido possível de percepto se enquadra na noção de *percipuum* ou objeto imediato, enquanto Hausman acrescenta ao objeto imediato uma noção adicional de referente, ou resultantes referenciais dos objetos dos julgamentos de percepção, que corresponde, para ele, ao percepto(2).

Desmontagem do argumento dos dois perceptos

Talvez por excesso de obstinação pela elegância teórica, talvez por levar muito a sério o apreço que Peirce devotava às suas três categorias, não me é possível aceitar a postulação de um segundo percepto que, à maneira de uma excrescência, invade o território dos outros conceitos envolvidos pela semiose, desmontando e tornando deselegante a lógica ternária que regula o movimento do signo. Entre duas teorias opositivas, que disputam a verdade ou plausibilidade a respeito de seu tema, a tendência inicial é dar mais crédito à teoria que parece mais estética e elegante.

A ética do intelecto, contudo, nos obriga a ir além do nível da elegância, quando temos de selecionar a teoria que nos parece mais adequada. Uma vez que não se trata de um experimento, que poderia ser repetido em laboratório para checar os resultados, neste caso, devemos ser cuidadosos na análise dos argumentos desenvolvidos pelo autor, temos de confrontá-los com os textos-fonte que foram utilizados, verificar se algum texto importante não foi negligenciado e, ao fim e ao cabo, tentar praticar a arte da isenção, expondo-nos à possibilidade de que os argumentos nos convençam.

Fiz tudo isso da melhor maneira, mas, por fim, tive de confessar a mim mesma que, não obstante a engenhosidade e extrema complexidade, além da fundamental relevância do texto de Hausman, não me parece aceitável que se possa postular, além do objeto dinâmico e além do objeto imediato, outro tipo de elemento que, sob o nome de referente, venha reintroduzir na teoria peirceana do objeto, algo que ela justamente, em nome do rigor, nos leva a descartar.

No total, Hausman apresenta, em seu texto, nada menos do que dezesseis variações de sua definição do percepto(2), várias delas citadas anteriormente. Em algumas delas, esse elemento nitidamente parece se confundir com o *percipuum*, objeto imediato da percepção. Mas o autor se apressa em desfazer a possível similaridade, afirmando: "Contudo, há uma razão para evitar equacionar o *percipuum* com o percepto(2). A razão [...] está em minha descrição dos perceptos(2) como aquilo a que as interpretações imediatas se referem. [...] O *percipuum* é a condição necessária para que o percepto(2), como uma construção ou produto da ação mental, seja atingido a partir do percepto(1)" (p. 284). Outras vezes, ele parece estar no lugar lógico do interpretante da semiose perceptiva, conforme se pode ver na passagem a seguir: "[...] o término do julgamento, percepto(2), como o telos do processo perceptivo finito" (p. 293).

No geral, contudo, o que domina é a concepção do percepto(2) como uma consequência da generalização do elemento incontrolável e precognitivo da percepção, ou seja, o percepto(1), tratando-se o percepto(2), portanto, de um resultado a que se chega pela mediação do *percipuum*. É ele, então, o percepto(2), esse resultado terminal, parcialmente determinado, que vai funcionar como referente do julgamento de percepção. Observe-se a citação a seguir, na qual isso aparece claramente expresso: "Afinal, o resultado do processo é uma interpretação do percepto que se refere a um objeto, um percepto(2), ao qual é dada determinação suficiente para ser algo descritível em termos das palavras próprias da percepção – e isso é condicionado pela presença do *percipuum*" (p. 282).

O que parece ficar bem claro é que o percepto(2) é um segundo objeto, além do objeto dinâmico, cuja existência só se faz possível pela mediação do *percipuum*, objeto imediato. Passamos a ter, portanto, sem dúvida, um terceiro objeto, chamado percepto(2), funcionando como referente do julgamento perceptivo. O texto de Peirce que parece ter mais diretamente inspirado Hausman em sua insistência sobre esse segundo tipo de percepto é o seguinte:

> Eu vejo um tinteiro sobre a mesa: isso é um percepto. Movendo minha cabeça, tenho um percepto diferente do tinteiro. Ele coalesce com o outro. O que chamo de tinteiro é um percepto generalizado, uma quase-inferência dos perceptos, talvez eu devesse dizer um compósito fotográfico dos perceptos. Subsequentemente, quando aceito a hipótese de um conteúdo interior para o meu pensamento, eu me rendo àquela consciência de resistência e admito que o tinteiro está para um objeto externo. Ainda mais tarde, posso colocar isso em questão. Mas assim que faço isso, descubro que o tinteiro aparece lá a despeito de mim. Essa conclusão à qual sou levado, por mais que eu lute contra ela, posso brevemente expressar dizendo que o tinteiro é uma coisa *real*. Certamente, sendo real e externo, ele, nem por isso, cessa de ser um percepto generalizado. (CP 8.144)

Embora o termo usado por Peirce para a generalização do percepto, ou quase-inferência, ou compósito fotográfico, seja percepto, não parece haver dúvida de que se trata aí do objeto imediato dessa semiose. O que se tem aí é o percepto exterior, ou coisa *real*, na forma em que está representado na percepção. Ora, isso corresponde exatamente ao que pode ser compreendido como objeto imediato da semiose perceptiva. O fato de Peirce chamá-lo de quase-inferência é um dado a mais para sua função como objeto imediato, uma vez que quase-inferência corresponde exatamente à definição por ele dada de *percipuum* como percepto imediatamente interpretado no julgamento de percepção.

Certamente, não estamos aqui diante de uma mera disputa exegética. O maior problema que a posição de Hausman apresenta é o fato de trazer de volta o conceito de referente. Ora, a introdução dos dois tipos de objeto (imediato e dinâmico, que, aliás, se dividem em três níveis cada um) significou um refinamento analítico de tal ordem, na teoria peirceana, que, diante deles, a noção de referente aparece como grosseira, tosca, rudimentar.

Quando Hausman equaciona o *percipuum* com o objeto imediato da semiose perceptiva, mas postula um segundo percepto, como resultante desse objeto imediato, ele está subestimando a função do objeto imediato, visto que, no caso da percepção, faz parte do funcionamento do objeto imediato incluir não apenas os aspectos em que o objeto dinâmico está representado na percepção (primeiridade), as marcas que, de algum modo, o objeto imediato traz do objeto dinâmico (secundidade), assim como a generalização por que passa o percepto ao se transmutar em *percipuum*. Esse é o objeto do julgamento de percepção, o que torna totalmente dispensável introduzir outro objeto, referente do julgamento de percepção, porque esse referente não pode ser outra coisa logicamente diferente do objeto imediato.

Peirce introduziu a noção de objeto imediato para tornar evidente que, entre o objeto dinâmico, que está fora de uma semiose específica, e o imediato, que está dentro da semiose, há uma diferença que é dada pelas características de cada semiose em sua especificidade.

Ora, no caso da semiose perceptiva, as características do objeto imediato são exatamente as descritas por Hausman, ou seja, ele é o objeto cognitivo do julgamento de percepção e, por se tratar do processo perceptivo, que tem fortes características de secundidade, o objeto imediato se apresenta também de maneira compulsiva. Não há por que postular um conceito excedente de percepto(2) para isso.

Por fim, resta considerar que introduzir um terceiro tipo de objeto (pois, ao fim e ao cabo, um referente é um objeto) quebra totalmente a lógica binária que opera na teoria dos objetos. Quer dizer, a relação do signo com o objeto só pode ser dual. Qualquer que seja o tipo de signo e qualquer que seja o tipo de representação que ele estabeleça com seu objeto, há sempre algum fator indicativo nessa relação. Não é por acaso que há três tipos de interpretantes, mas apenas dois tipos de objeto. A lógica do objeto é uma lógica dual.

No caso da percepção, a dualidade se acentua, pois se trata de uma semiose em que nos encontramos flagrantemente em presença de algo. Se o objeto imediato tem traços de compulsividade, é porque o percepto insiste em sua realidade. Se ele não insistisse, jamais poderíamos corrigir um julgamento de percepção equivocado.

O julgamento perceptivo é fruto de elaborações mentais, cognitivas, o que significa necessariamente dizer que, porque o julgamento é cognitivo, nós temos pleno controle sobre seu processo. Desse modo, o julgamento de percepção é signo, mas não um signo genuíno, uma vez que, além de sua formação estar fora de nosso controle, o objeto desse signo é algo que se força sobre nós, algo que chega como não ego, o outro lado da polaridade da segunda categoria.

Noções-chave para a percepção

Efetuada a desmontagem anteriormente, continuemos com as outras noções-chave que Hausman apresenta para auxiliar na compreensão da percepção. A segunda noção-chave refere-se à importância da participação da primeiridade na percepção. Para isso, faz uso da noção de *medad*, uma espécie de primeiridade perto de um estado puro, ou aquele "elemento do fenômeno que deve ser entendido sem se reportar à relevância da aplicação do predicado a um sujeito que se refere ao fenômeno" (p. 288). A *medad* não apenas não está relacionada a nenhum aspecto do fenômeno, mas é também independente de qualquer coisa a que ela possa ser atribuída ou em que possa estar encarnada. Enquanto as mônadas (primeiridade) podem ser atribuídas a algo, "uma *medad*", segundo Peirce, seria apenas "um *flash* de incandescência mental, relâmpago sem trovão, não lembrado e, consequentemente, sem efeito" (CP 1.292).

É óbvia a relevância da generalidade da terceiridade na formação do julgamento perceptivo, que nos leva a constatar, por exemplo, a brancura de uma geladeira. Sem essa tendência generalizante não haveria a interpretação que se forma num juízo de percepção do tipo "a geladeira é branca". Já a primeiridade da *medad*, estaria relacionada à momentânea e totalmente livre aura ou tom que dá presença a qualquer fenômeno, em sua mera presentidade (p. 290). Desse modo, o *flash* mental, que surge como efeito dessa presença, funcionaria como condição envolvente da presença mesma da inteligibilidade (p. 291).

Por outro lado, *medads* também funcionariam como pura presença momentânea, isto é, possibilidade de que uma qualidade possa entrar em uma relação monádica. Com explicações mais detalhadas do que posso fornecer aqui, Hausman quis enfatizar o papel da primeiridade na percepção.

Continuando no exame das condições de inteligibilidade nas quais o julgamento de percepção é introduzido, Hausman passa para a terceira noção-chave, que diz respeito ao papel da abdução na percepção, evidenciando que o *percipuum* é a ponte entre o *flash* da primeiridade e o julgamento abdutivo (p. 298). O problema, que aí se coloca, é entender o modo como saltos abdutivos podem entrar na percepção, ao mesmo tempo que aparecem no *continuum*, a quarta noção-chave apresentada por Hausman. Após fazer uso de uma longa citação comentada sobre os intervalos infinitesimais da consciência perceptiva, Hausman conclui que, com essa análise, Peirce se propôs dar conta

> da relação do fluxo temporal que é sentido e a interpretação cognitiva dele. A experiência mediada, cognitiva, requer que atentemos para os sentimentos passados e que imponhamos definitude sobre eles, de modo que eles possam ser comparados, e isso deve ocorrer como um ato interpretativo. Ao mesmo tempo, a "consciência objetiva" dos sentimentos é a de uma série de sentimentos marcados por instantes que distinguem intervalos a serem comparados. Assim, o resultado é uma atenção inferencial para, ou julgamento perceptivo de, um objeto inferido – "o objeto como representado". E esse objeto representado, com respeito ao seu modo parcial de constranger, é percebido como percepto(2), o objeto do julgamento perceptivo completo.

Hausman continua:

> A análise de Peirce depende não apenas de se prescindir do conceito de instantes definíveis como "começo", "meio" e "fim", mas, o que é mais importante, depende do conceito de infinitesimais que constituem um *continuum* genuíno. Peirce não quer segmentar, em partes discretas, atualizadas, a experiência de se formar o julgamento perceptivo. As abduções, ou instâncias de espontaneidade, exigem ser ou dependem de marcas discretas entre uma parte da experiência e a subsequente, que pode ser, às vezes, até mesmo uma ideia sem precedentes. E assim fazem os instantes ou pontos no tempo e os intervalos eles mesmos, por seu turno, que consistem de momentos de percepção consciente. Assim, Peirce diz que esses momentos são infinitesimais de que decorre que a consciência é um contínuo. (p. 303-304)

Apresentando uma complexa análise dos infinitesimais e do contínuo à luz de Peirce, Hausman infere, a seguir, que, na sucessão de momentos no intervalo infinitesimal da consciência perceptiva, nós temos uma instância em que uma possibilidade infinitesimal está em estado inicial de desenvolvimento de uma determinação – em um julgamento perceptivo. A possibilidade está, então, em processo de atualização. Não se trata aí apenas de um crescimento de intensidade do caráter de uma experiência que é um exemplo de consciência perceptiva. Há um ponto em que se atinge uma "extremidade" – um "ponto de engate", um "defeito na continuidade" (CP 4.219). A diferenciação entra na medida em que a passagem se move de um intervalo para um segundo intervalo e, então, para um terceiro.

É na transição do segundo para o terceiro ("mediado") intervalo da consciência perceptiva que o momento da interpretação se inicia, o que é esperado, visto que a introdução da interpretação é a introdução da abdução, que marca a emergência da espontaneidade. O defeito da continuidade não está em se atingir a extremidade, porque senão haveria mais de um ato perceptivo – uma quebra na continuidade da consciência perceptiva do presente imediato. Está, isto sim, no ponto de engate. O engate é introduzido no ponto de transição entre o segundo e o terceiro intervalo, em que uma direção ou tendência se inicia, em contraste com a pura e bruta pressão introduzida entre o primeiro e o segundo intervalo (p. 305-306).

A dificuldade da passagem, devida à microscopia de seu desenvolvimento, é incomparável. Felizmente, os textos de S. B. Rosenthal sobre percepção também estão voltados para o problema da continuidade, o que nos ajudará a ler essa passagem de Hausman retrospectivamente.

Ambiguidade do julgamento de percepção

Há um intervalo de mais de 20 anos entre os dois textos de Sandra B. Rosenthal. O primeiro deles, "A teoria peirceana do julgamento perceptivo: uma ambiguidade", foi publicado em 1969 e o segundo, "Além do 'fundacionalismo' e 'antifundacionalismo': o passo pragmático de Peirce", é de 1992. Não obstante o tempo que os separa, os textos estão em perfeita continuidade. Como o próprio nome do primeiro texto enuncia, seu foco de atenção é posto no julgamento de percepção, no qual a autora detecta uma ambiguidade. Se já trabalhamos com as ambiguidades do percepto, vejamos agora como se manifesta essa outra ambiguidade no juízo perceptivo.

Rosenthal inicia seu texto afirmando que o conjunto de textos peirceanos sobre a percepção pode ser mais bem aproveitado se entendido como uma tentativa de esclarecimento para aquilo que ele, no início, viu de maneira obscura e hesitante, de modo que seus textos posteriores são indispensáveis para uma compreensão mais correta de seus textos iniciais (Rosenthal, 1969, p. 303).

Em nenhum momento, a autora demonstra ver qualquer problema na noção de percepto, parecendo aceitar a solução encontrada por Bernstein de que o *percipuum* corresponde ao segundo sentido de percepto. Diferentemente de Hausman, Rosenthal quer examinar mais profundamente o papel do *percipuum* para que, com isso, fique mais bem esclarecido o papel do julgamento perceptivo na teoria peirceana.

Partindo da afirmação de Peirce de que "o *percipuum* é o percepto tal como ele é imediatamente interpretado no julgamento de percepção" (CP 7.642), Rosenthal conclui que o *percipuum* é o resultado do julgamento perceptivo para, a seguir, declarar que há dois sentidos para o *percipuum*:

a) no sentido estreito, ele é um conteúdo reconhecível, mas inefável (aquilo que parece e aparece);

b) no sentido largo, é aquilo que "é realmente conhecido ou percebido no processo tal como ele ocorre temporalmente, [...] um conteúdo 'informado' por uma interpretação conceitual ou significado preditivo" (Rosenthal, 1969, p. 304).

Se, de acordo com a autora, o *percipuum* é o resultado do julgamento de percepção, então este terá igualmente dois sentidos:

a) no sentido estreito, corresponde ao primeiro nível de interpretação, que gera um conteúdo reconhecível;

b) no sentido largo, é um segundo nível de interpretação, que tem objetividade, gerando a percepção de um objeto ou propriedade objetiva. No primeiro sentido, o julgamento é indubitável e infalível; no segundo, é falível e tanto indubitável quanto sujeito a dúvida.

A seguir, a autora inicia a análise de algumas citações de Peirce de máxima importância para um aprofundamento da noção de *percipuum*, mas que passaram despercebidas a todos os outros intérpretes de sua teoria da percepção. Peirce afirmou o seguinte:

> O *percipuum* não é um evento absoluto. Não há extensão de tempo presente tão curto a ponto de não conter algo lembrado [...] que não contenha algo esperado com cuja confirmação contamos. O elemento peculiar do presente é que ele nos confronta com ideias que ele força sobre nós sem razão, é algo que se acumula em totalidades de tempo e que se dissipa quanto mais minuciosamente o curso do tempo é inspecionado. (CP 7.675)

Peirce está aí preocupado com a ênfase na continuidade do tempo, no qual o *percipuum* olha tanto para o passado quanto para o futuro ou, conforme Rosenthal nos indica (p. 304), ele está preocupado em enfatizar o que denomina de presente epistemológico ou presente no qual o processo de conhecimento ocorre. Num outro fragmento, anterior a esse, Peirce já havia introduzido dois subconceitos nos quais o *percipuum* se subdivide. Espero que o leitor não se assuste aqui com a introdução de mais uma dupla de termos tão ou mais excêntricos do que o de *percipuum*. São eles: *ponecipuum* e *antecipuum*.

Segundo Rosenthal, é evidente que, quando Peirce faz distinções dentro do *percipuum*, ele está fazendo abstrações para o propósito de análise. Esses termos são utilizados para indicar essas abstrações analíticas. O *percipuum*, em seu sentido largo, tal como ele ocorre no presente em que se dá o conhecimento, contém vários elementos, dentre os quais, aliás, está o próprio sentido estreito de *percipuum*. O uso desses termos, acrescenta a autora, pode ser mais um sinal das obscuridades comumente encontradas nos textos de Peirce, conforme querem alguns. Na verdade, porém, quando nos dispomos a dar a eles a atenção que as minúcias do conceito exigem, eles clarificam distinções fundamentais que ficariam obscuras pelo uso de termos epistemológicos mais tradicionais ou de palavras mais corriqueiras.

Há um admirável texto de Peirce sobre a ética da terminologia, no qual ele diz que termos novos têm de ser inventados para designar conceitos novos, e isso para que os novos conteúdos não se misturem na poeira que recobre velhos conceitos. De resto, ele diz ainda que o uso de termos rigorosos também é uma boa maneira de a filosofia se livrar de leitores preguiçosos. O texto, em que os subconceitos do *percipuum* foram introduzidos, é o seguinte:

> É uma questão difícil de responder se o princípio serial nos permite desenhar rígidas linhas divisórias entre o percepto e a próxima antecipação, digamos, o antecepto, e entre o percepto e a recente memória (tenho eu permissão de chamar isso de ponecepto...), ou se o percepto já é, de saída, um caso extremo de antecepto e um caso extremo de ponecepto. Ou melhor, peço muitas desculpas ao leitor pela esquisitice da afirmação – a verdadeira questão não se coloca sobre percepto, antecepto e ponecepto, mas sobre *percipuum*, *antecipuum* e *ponecipuum*, as interpretações diretas e incontroláveis do percepto, antecepto e ponecepto. (CP 7.648)

Deixo de lado as discussões de Rosenthal sobre a obscuridade da passagem, visto que muito de sua obscuridade aparente se resolve se considerarmos que, de fato, o *percipuum* deve corresponder ao percepto tal como interpretado, do que decorre que a questão da antecipação próxima e a memória recente com que o *percipuum* se faz acompanhar só podem ser chamadas de *antecipuum* e *ponecipuum*, muito embora, como quer Rosenthal, o *antecipuum*, ou antecipações e predições que aderem ao *percipuum*, deve ser uma interpretação do antecepto, assim como o penecepto deve ser um ingrediente do *ponecipuum* ou lembrança do ponecepto, ou, melhor ainda, um ponecepto tal como lembrado. Nesse momento, creio que podemos passar do primeiro para o segundo texto de Rosenthal, visto que a análise que ela realiza do *percipuum* e julgamento de percepção foi revista nesse último.

Revisão do julgamento da percepção

Rosenthal retoma os ingredientes do *percipuum*, no texto de 1992, porque considera que, com o conceito de esquemata, eles são importantíssimos para esclarecer o entendimento que Peirce tinha da estrutura interna do significado. Com isso, se esclarece também a rejeição peirceana tanto ao fundacionalismo quanto ao antifundacionalismo. Peirce nos diz,

> os significados devem ser entendidos como estruturas relacionais emergindo de padrões de comportamento, nas quais o reconhecimento sensório e interpretação conceitual representam duas pontas de um contínuo, ao invés de uma diferença absoluta em espécie. [...] Toda cognição, para ele, envolve o perceptivo, no sentido de que este necessariamente contém uma representação icônica do objeto conhecido. [...] Embora ele diga que não temos imagens nem mesmo na percepção atualizada (CP 5.503), o que está sendo rejeitado aí é a definição de imagem como uma representação absolutamente singular, determinada em todos os aspectos. (CP 5.298-299)

Diferentemente de Kant, Peirce não separa o esquema do conceito, de modo que o aspecto esquemático do conhecimento conceitual é encontrado na fusão inseparável do sensório e do relacional como veículo por meio do qual pensamos sobre e reconhecemos os objetos do mundo. Essa fusão, de acordo com Rosenthal (p. 16) pode ser mais bem entendida na relação entre o hábito como o interpretante lógico último e a estrutura esquemática como o interpretante lógico. "O que serve como estímulo ou condição dentro da estrutura do interpretante lógico é o que Peirce chama de *ponecipuum*, que é, em si mesmo, um universal epistemologicamente funcional." Chegado este ponto, em que está situado um dos ingredientes do *percipuum*, não cabe seguir o argumento do texto de Rosenthal em sua globalidade, mas apenas aquilo que nele pode ser encontrado para nos ajudar a esclarecer o conceito de *percipuum* e seus ingredientes. Com isso, pretendo justificar a fragmentação que necessariamente será imposta à leitura que se seguirá.

O esquema, continua a autora (p. 17), é uma possibilidade para a produção de um aspecto ulterior de um objeto, porque ele incorpora, em sua estrutura, o *ponecipuum*, ou sensação generalizada, sem o qual nada na percepção poderia levar à ativação de um esquema particular. Por fim, logo a seguir, Rosenthal atualiza e completa perceptivelmente seu entendimento do *ponecipuum*, se compararmos com o texto de 1969, quando diz:

> O *ponecipuum*, como logicamente anterior a qualquer percepto presente, é requerido para a interpretação do percepto presente via julgamento perceptivo. Ele fornece o critério sintetizador para apreender a apresentação como um conteúdo repetível que pode ativar o hábito. De fato, é a própria apreensão pelo *ponecipuum* que torna o conteúdo repetível. Esse *ponecipuum* é exatamente o que foi visto como o coração sensório generalizado da imagem esquemática dentro da estrutura interna do significado, ou "sensação generalizada". (p. 19)

Rosenthal identifica, então, o *ponecipuum* com o sentido estreito de *percipuum*, o qual gera conteúdo repetível que serve para ativar o hábito, embora, como um ponto de interrupção analítica, ele não forneça antecipação para a experiência futura. Quanto ao julgamento de percepção, em seu sentido estreito, Rosenthal o define agora como a hipótese abdutiva primitiva de uma repetição presente de um conteúdo experiencial passado, e o conteúdo, de fato, se torna uma repetição de conteúdos previamente experimentados apenas na medida em que o julgamento perceptivo o assimile a esses conteúdos no processo abdutivo de reconhecimento. Ela continua: o *percipuum*, mesmo em seu sentido estreito, deve "incluir" o *ponecipuumm*, pois é só à luz do *ponecipuum*, representando o caráter do que é passado, que o percepto pode ser reconhecido no julgamento de percepção em seu sentido estreito (p. 20).

Quanto ao antecepto, Rosenthal (1969) o interpreta como aquele elemento vago, antecipação não inteiramente consciente da experiência futura que segue o julgamento perceptivo ou o reconhecimento do conteúdo apresentado e que, como explicitamente interpretado no *antecipuum*, forma o nível de interpretação conceitual completa ou significado preditivo.

Trata-se de um "estrato" primitivo no significado conceitual, em vez de um "estrato" adicional no reconhecimento do conteúdo presente. Como um ponto de parada analítica na análise da percepção, encontra-se um conteúdo reconhecível ou *percipuum* ao qual falta totalmente referência a uma experiência futura, mas que, como um conteúdo reconhecido, depende e é, de fato, o resultado do julgamento – o julgamento perceptivo no sentido estreito. É difícil especificar o conteúdo desse ponto de parada analítico, pois o *percipuum* estreito, em sua pureza, não se expressa nem na linguagem da objetividade, nem na linguagem da aparência. Mas ele está lá como um elemento analítico da situação perceptiva, servindo de base para nossos significados preditivos completos tal como se desenvolvem no antecepto e *antecipuum*.

Tendo esclarecido os microingredientes do *percipuum*, Rosenthal passa a discutir a infalibilidade do julgamento perceptivo no sentido estreito. Já vimos que o percepto, o qual, de acordo com Hausman e Santaella, corresponde ao objeto dinâmico da percepção, não professa coisa alguma. Ele é perfeitamente mudo. Mas o julgamento perceptivo professa a presença, seria melhor dizer, ele indica a presença do percepto como um conteúdo reconhecido. Que o percepto, que é mudo, seja infalível, não há qualquer margem de dúvida.

Segundo Rosenthal, o julgamento perceptivo, no sentido estrito, também é infalível, pois apenas indica a presença do percepto, não professando qualquer fato objetivo ou antecipação de quaisquer possibilidades futuras da experiência. "A experiência futura não pode mostrar que o julgamento perceptivo, no sentido estreito, é um erro, uma vez que ele não faz nenhuma referência a qualquer experiência futura" (p. 22).

É em razão disso que, para responder à possível objeção de sua afirmação de que um julgamento perceptivo está fora de nosso controle e verificação, Peirce dizia: "[...] o julgamento perceptivo só pode se referir a um simples percepto que jamais reexistirá; e se eu julgo que ele parece vermelho, quando, na realidade, ele não pareceu vermelho, deve ser pelo menos reconhecido que ele pareceu parecer vermelho" (CP 7.628).

Não deixa nenhuma dúvida a semelhança que se apresenta entre aquilo que Rosenthal chama de sentido estreito do julgamento perceptivo e a ênfase que Hausman dá ao papel da primeiridade na percepção. Para Rosenthal, o *percipuum*, no sentido estreito, é primeiridade, inocência que não pode ser articuladamente pensada, embora seu conteúdo sirva como base para os significados preditivos do *antecipuum*. É por isso que Rosenthal afirma (p. 24) que o julgamento perceptivo, no sentido estreito, não pode nem mesmo ser rotulado de certamente correto em oposição a possivelmente correto. Não há reconhecimento de correto ou incorreto envolvido nesse nível, pois o que o *percipuum* é está determinado apenas por seu reconhecimento. Ele se torna uma repetição de conteúdos prévios apenas por ter sido assimilado a esses conteúdos no julgamento de percepção.

Em seu estudo, Bernstein havia apontado, de um lado, o fato de que, se os julgamentos perceptivos não podem ser verdadeiros ou falsos, eles não são um julgamento. De outro lado, afirmou também que, havendo um elemento hipotético envolvido no julgamento perceptivo, então todo julgamento perceptivo é falível e sujeito a testes futuros. De fato, diz Rosenthal (p. 24), o julgamento perceptivo, no sentido estreito, tem um elemento hipotético, pois o julgamento é uma hipótese de que o conteúdo é o mesmo ou parecido com aquele que foi visto antes, ou "assim parece" (W 1:471). No sentido estreito, contudo, o julgamento perceptivo não é falível, nem sujeito a testes futuros. Ele não faz qualquer referência à experiência futura. Ele não pode, assim, ser caracterizado como falso ou verdadeiro, pois não temos meios perceptivos, nessa etapa, para asseverar sua veracidade ou falsidade.

Já o julgamento perceptivo, no sentido largo, continua Rosenthal (p. 25), também é indubitável, conforme foi igualmente evidenciado por Bernstein, não porque a descoberta de sua falsidade é inconcebível, pois sua verdade ou falsidade poderá ser confirmada e asseverada pela experiência futura, mas porque não há fundamento positivo para estimular a dúvida em uma situação perceptiva no momento em que ela ocorre. Embora indubitável, no entanto, diferentemente do julgamento em sentido estreito, o julgamento, em sentido largo, é falível. Ele será rejeitado como falso se não se enquadrar no contexto interpretativo geral em que é gerado.

Quanto à indubitabilidade, ela se coloca porque a formação do julgamento perceptivo não pode ser controlada e fica aquém de qualquer crítica lógica quando está em formação. Mas nós podemos criticar seus resultados e concluir, com base na experiência futura, que ele é falso. Subjacente à possibilidade mesma desses indubitáveis de sentido comum, que podem ser reconhecidos como falsos, completa Rosenthal (p. 25), repousa uma indubitabilidade à qual nem verdade nem falsidade são aplicáveis. Trata-se do pragmaticamente "certo".

Com isso, Rosenthal conclui sua análise dos ingredientes do *percipuum* e dos dois sentidos do julgamento de percepção que lhe serviram de base para evidenciar a oposição peirceana tanto em relação ao fundacionalismo quanto ao antifundacionalismo. Isso o coloca numa posição de marcante originalidade em relação aos debates sobre os fundamentos da crença, conhecimento e verdade, conforme retomarei, mais uma vez auxiliada por Rosenthal, no próximo capítulo. Com isso, penso que já estamos em tempo de passar para uma tentativa de síntese das complexidades e minúcias que foram tratadas neste capítulo. Com ela, pretendo fornecer ao leitor um diagrama mental mais apreensível da percepção, capaz de exercer um apelo mais sensório sobre o entendimento.

Capítulo 5

Teoria da percepção II: uma reconstituição

Haverá algumas redundâncias na introdução deste capítulo. Elas são deliberadas. A filigrana da rede conceitual, que foi acionada no capítulo anterior, é tão delicada e minuciosa que deve, sem dúvida, ter criado dificuldades para sua compreensão e mesmo fixação. Visando evitar essas dificuldades, retomarei os elementos do processo perceptivo para, então, completá-los com detalhes que julgo importantes para uma apreciação da teoria da percepção de Peirce.

O objeto do signo também é signo ou quase-signo

O que, de saída, precisa ficar claro é que o objeto do signo é sempre de natureza sígnica ou quase-sígnica. A mediação inalienável, que se estabelece entre signo e objeto dinâmico, ou aquilo que está fora do signo – e que, por sua vez, também pode ser de natureza sígnica, quando a semiose é genuína –, é exercida pelo objeto imediato. Mesmo no caso da percepção, que se constitui em porta de entrada do conhecimento e cujo objeto é algo que está no mundo e age quase que fisicamente sobre nós, não estamos nunca em situação de corpo e mente imediatamente colados a um objeto que possa ser tomado como objeto originário da semiose. Há uma passagem no manuscrito 599, em que essa questão fica muito clara. Apresento-a a seguir, com interrupções para comentários.

"É fácil ver que o objeto do signo – aquilo a que o signo professa ser aplicável – só pode ser um signo. Por exemplo, o objeto de uma proposição comum é uma generalização de um grupo de fatos perceptivos." Por exemplo, "A porta é branca". O objeto dessa proposição comum é o fato perceptivo de eu ter olhado para a porta e reconhecê-la como branca. Mas isso está ligado a outros fatos perceptivos que me fizeram reconhecer que se trata de uma porta, então, que ela está aberta, e assim por diante. Daí é possível afirmar que o objeto dessa proposição é uma generalização de fatos perceptivos. "Ora", continua Peirce, "esses fatos perceptivos são, eles próprios, representantes abstratos através de intermediários que não nos são precisamente conhecidos através dos perceptos", o que significa que eles já são fruto de outras mediações das quais não podemos nos dar conta. Mas Peirce acrescenta: "Eles mesmos e estes são vistos como – e são, se o julgamento de percepção tiver qualquer verdade – representações; primariamente, impressões de sentido; finalmente, de algo subjacente e obscuro, que não pode ser especificado se não se manifestar como um signo de algo que lhe está subjacente.

O que se mostrou aí é que, quanto mais tentamos nos aproximar do objeto dinâmico, mais mediações surgem. O único recurso que se tem é mudar a roupagem da representação por outra mais diáfana. Mas há um limite para isso, "uma realidade última como um zero de temperatura". No caso do signo indicial, sabemos que esse zero de temperatura pode até ser aproximado.

Para dar um exemplo que demonstre que esse "zero de temperatura" funciona como uma metáfora, pensemos na aproximação perceptiva máxima que é o ato sexual, corpos que se enlaçam em um aparente apagamento das mediações interpretativas em prol da febre do viver em si. Contudo, ao mesmo tempo, quantas mediações simbólicas (somos atravessados pela linguagem, acossados pelas pulsões e nossa demanda de amor não prescinde delas), quantas fantasmagorias e quantas incontáveis projeções imaginárias interpõem-se entre dois corpos no ato amoroso? Como argumento magno a serviço dos psicanalistas, Romeu disse a Julieta: "Amo em ti algo além de ti", o que basta para começarmos a nos dar conta de quão impossível é saber – mesmo no caso do índice e, muito mais, do símbolo – qual é o objeto último.

Peirce dizia que deve haver uma realidade última, mas, pela natureza das coisas, ela só pode ser aproximada, representada. O objeto imediato que qualquer signo tenta representar é ele próprio um signo. Por outro lado, no entanto, ele também colocou muita ênfase na dominância da categoria da secundidade, experiência viva, atual, interação factual, no terreno da percepção.

A gangorra perceptiva e os órgãos sensoriais

A percepção opera como uma gangorra. De um lado, até mesmo o objeto da percepção é da natureza de um signo, de outro, há ênfase na secundidade, que significa interação existencial, espacial, contato físico. Na carta 427, Peirce afirmou: "Em relação ao objeto direto da percepção, o percepto, é verdade que ele não possui uma realidade inteiramente desenvolvida, mas ele é a verdadeira coisa existente em si mesma, independentemente de um exterior à mente". Aqui, Peirce está mostrando sua tendência realista, evidenciando a primazia do existente sobre o pensado; ou seja, é preciso reconhecer que as coisas que percebemos realmente existem, conforme Almender (1970) enfatizou em seu artigo. Peirce continua:

Há algo no mundo que não é simplesmente objeto da cognição. Para dizer que ela existe, significa que ela reage. Ora, o percepto se força sobre mim, a despeito de todo esforço direto para expulsá-lo. Assim sendo, ele satisfaz a definição de um existente. Ele independe da mente na medida em que seus caracteres não dependem de minha vontade de tê-los assim, mas é suficientemente óbvio que ele é apenas conhecido na relação com meus órgãos.

Isso significa: nós só podemos conhecer o percepto na medida em que ele passa por nossos órgãos sensoriais e penetra no contínuo da mente, o que é muito diferente de afirmar que ele não existe independentemente dessa mediação. É exatamente o que Peirce passa a argumentar logo a seguir.

Isso de modo algum contradiz sua independência, a menos que sejamos nominalistas a ponto de negar que os objetos independentes podem ser membros de pares dos quais algo é verdadeiro. Pois uma relação não é senão um fato que diz respeito a um conjunto de objetos. Que o percepto é exterior à mente é um fato, visto que, sem deixar de considerar as diferenças de pontos de vista, um observador verá uma coisa e uma câmera fotográfica mostrará a mesma coisa.

Mas a grande prova, que Peirce apresentou a favor do seu realismo, encontra-se na evidência de que nossa percepção comete erros. Deve, portanto, haver alguma coisa lá, em algum lugar diferente da nossa mente, que não depende de nossa percepção. Existe algo que é puramente físico e que pode ser verificado por aparelhos tão físicos quanto a própria porta que estamos vendo. Existe uma dimensão do real que não depende de nós. E nós mesmos, embora sejamos seres cognitivos, também interagimos como corpos físicos no mundo. Se alguém é atropelado na rua, pode-se converter numa simples massa física que não terá mais nada a ver com a cognição.

Penso que a percepção é o processo mais privilegiado para colocar na frente do nosso pensamento o estofo dos três elementos de que somos feitos: o físico, o sensório e o cognitivo. O papel cognitivo na percepção é desempenhado pelo julgamento perceptivo.

O julgamento perceptivo como signo

Que características tem o julgamento perceptivo? Para Hausman (1990),

a) Ele existe num contínuo, isto é, não está separado dos outros fluxos mentais.
b) Ele é a primeira premissa de nossos raciocínios.

Nesse ponto, já se apresenta um problema: como pode ser primeiro, se existe num contínuo? Hausman respondeu essa questão com exímia perfeição, quando discutiu a teoria do contínuo e dos infinitesimais em Peirce, conforme foram apresentados no capítulo anterior.

c) Ele contém características gerais no nível de terceiridade.
d) Ele se mistura e desaparece na abdução.
e) Contém elementos hipotéticos e, portanto, falíveis.

Ora, se o julgamento de percepção tem características de terceiridade e a forma mais simples da terceiridade é o signo, então, o julgamento de percepção ocupa o papel de signo na semiose perceptiva. De acordo com a lógica ternária, entretanto, por ser um signo, o juízo perceptivo ocupa a posição de um primeiro. Diante da porta que vemos, o que vem primeiro é o julgamento de percepção. Este é o efeito que ela produz em nós, caso contrário, estaríamos totalmente desprovidos de qualquer capacidade de sobrevivência, incapazes de orientação, reação e compreensão. Mas o julgamento de percepção, da natureza de um signo, é determinado por um objeto dinâmico, que tem primazia real sobre o signo. Esse é o percepto. É na interação corpo a corpo com ele que o papel físico da percepção é desempenhado.

O percepto e as categorias

O percepto é aquilo que aparece e se força sobre nós, brutalmente, no sentido de que não é guiado pela razão. Não tem generalidade. É físico, no sentido de que é não psíquico, não cognitivo, ou seja, ele aparece sob uma vestimenta física. É um acontecimento singular que se realiza aqui e agora, portanto, irrepetível. Trata-se de um cruzamento real entre um ego e um não ego, secundidade. Percepto, etimologicamente, tem o significado de apoderar-se, recolher, tomar, apanhar, ou seja, alguma coisa, que não pertence ao eu, é tomada de fora. É algo compulsivo, teimoso, insistente, chama a nossa atenção. Algo que se apresenta por conta própria e, por isso, tem força própria.

Em algumas passagens, Peirce nos leva a inferir que o percepto só tem elementos de primeiridade e secundidade, estando desprovido de terceiridade. Não existindo esse elemento de generalidade, temos aí um argumento a mais para aceitar a tese de Bernstein a qual o *percipuum* é o percepto atualizado, ou melhor, traduzido como produto mental. Bernstein também chama a atenção para a importância da primeiridade na percepção, mas com a precaução de que esta não seja confundida com um elemento místico ou mítico primordial. Esse elemento é a pura qualidade imediata do percepto que, como tal, produzirá como efeito, naquele que percebe, um sentimento de qualidade, simples, positivo, sem misturas. Qualidade de sentimento como efeito do percepto assemelha-se a algo mais ou menos similar ao que está expresso a seguir:

Aí está você, em algum lugar, no ato de estar – tendo a sua frente minha escrita, que você está lendo. Existe um sentimento de qualidade do qual você só se dará conta porque estou falando dele, mas que lhe acompanha o tempo todo, como uma melodia silenciosa ou um certo gosto na boca: é uma certa qualidade da temperatura do lugar, certa luminosidade peculiar do dia ou da noite, dos ruídos do entorno, das sensações epidérmicas da roupa em seu corpo, pensamentos vagos e sentimentos incertos borboleteando por sua consciência, a busca de compreensão do que tento lhe transmitir... Trata-se de um compósito de qualidades vagamente unidas num sentimento *in totum*, imediato, um mero *feeling*, impressão mais ou menos indefinida. Como se pode ver, fica difícil separar, aí, o que pertence ao percepto e o que pertence ao sentimento por ele provocado no *percipuum*.

Peirce não chegou a especificar como essa qualidade está atada no processo perceptivo, se está no percepto, no *percipuum* ou no juízo perceptivo. Há, de acordo com a lógica das categorias, sempre uma primeiridade embutida na secundidade, de modo que todo percepto, por mais insistente e compulsivo que seja, também tem algo de primeiridade embutido nele. Há, por exemplo, perceptos que, por sua própria natureza, independentemente do modo como serão traduzidos no *percipuum*, são meigos, cálidos, brandos. Isso deve corresponder à sua primeiridade, pois, no aspecto da secundidade, os perceptos provocam reações corporais e mentais mais evidentes.

É por isso que a dimensão de secundidade do percepto é sempre a mais clara. Quando percebemos algo, estamos alertas a uma dualidade essencial, na qual há algo que está ali ou aqui, diante de nós ou perto de nós ou contra nós, e que não pode ser exaurido pelo julgamento de percepção. Sabemos quando o percepto está contra nós (predomínio da secundidade), no momento em que tentamos nos livrar dele e não conseguimos. Enquanto uma abelha está voando ali adiante, sem nos perturbar, a brandura do percepto equilibra a dimensão do primeiro e do segundo. Somos até capazes de nos sentir perfeitamente acomodados, quase contemplativos em relação ao leve zumbido que vem de algum lugar que não nos incomoda. Quando a abelha vem em nossa direção, entretanto, aí começamos a entender melhor o que é um percepto. Só no momento em que tentamos nos livrar de um percepto é que nos damos conta de quão cego e surdo à razão ele pode ser.

Muitas vezes, entretanto, o percepto nos chega com certa meiguice, como a luz amarelada do sol filtrada por finas nuvens na serenidade de um entardecer. Aí domina sua dimensão qualitativa. Se o sol descer das nuvens e começar a ferir nossos olhos, então a secundidade se torna dominante. Aliás, a dominância da secundidade é o que caracteriza especificamente a percepção, diferenciando-a de outros processos mentais. Mas há nela sempre um jogo de primeiro, segundo e terceiro, a saber:

a) a qualidade imediata, positiva e simples com que um fenômeno se apresenta,
b) a compulsão que nos faz atentar para algo que se força sobre nós e
c) o fator de juízo, julgamento de percepção no qual todos os elementos se juntam.

O elemento de terceiridade é dado, portanto, pelo julgamento de percepção, que ocupa o lugar do signo na dinâmica perceptiva. Ele não é a primeira premissa de nosso conhecimento no sentido de uma unidade epistemológica isenta de qualquer pressuposto, pois se trata de um julgamento que pressupõe outros conceitos e julgamentos. Quer dizer, nós apenas somos capazes de traduzir o percepto em julgamento de percepção porque estamos equipados com esquemas, provavelmente inatos, que processam e traduzem aquilo que está fora em algo que tenha semelhança com os demais tipos de julgamento que fazemos. Os artigos de Sandra Rosenthal, resumidos no capítulo anterior, contêm preciosas descrições do que se passa no interior do julgamento de percepção.

Que haja julgamento de percepção não é uma grande novidade em Peirce. Sua originalidade está no modo como penetrou minuciosamente na filigrana desse tipo de julgamento, conforme Rosenthal demonstrou. A outra novidade, que não é menor, está no tratamento triádico dado à percepção, que sempre foi trabalhada diadicamente, ou seja, como uma relação entre um sujeito que percebe e um objeto que é percebido. No quadro geral da semiótica triádica de Peirce, o primeiro elemento, mediador entre um sujeito e um objeto, é o signo. Mas as coisas não são tão simples assim.

A semiose perceptiva

Aquilo mesmo que chamamos de sujeito, consciência, pensamento, mente, já são signos, de modo que o terceiro elemento não é um signo que se interpõe, como uma excrescência, entre um sujeito e um objeto. O sujeito é signo. No caso do processo perceptivo, o julgamento de percepção ou interpretações que fazemos daquilo que nos aparece à percepção são signos do percepto. O sujeito é esses signos. Peirce nos livrou da crença de que o sujeito é algo isolado, envolto numa aura de autonomia, senhor de pensamentos sob seu perfeito controle. O sujeito, ao contrário, é linguagem, de modo que terá todas as características que a linguagem lhe dá. Tudo que aparece e está na mente, assim está *sub specie* sígnica, não necessariamente linguística. Pode ser uma quase-imagem, relações vagas entre pensamentos, sentimentos incertos, preocupações indefinidas etc. Evidentemente, a complexidade dessa questão vai muito além dos propósitos deste capítulo. Temos, no entanto, de enfrentá-la, mesmo que esquematicamente, para evidenciar como a tríade se organiza na percepção.

O sujeito, na percepção, não está separado dos julgamentos que ele produz no ato perceptivo. Esse julgamento de percepção é o primeiro, que ocupa o lugar lógico do signo. O segundo ou objeto dinâmico é o percepto, aquele que, em nosso entorno, força-se sobre nossa atenção e que é imediatamente traduzido no julgamento de percepção. É essa tradução que Peirce chama de *percipuum*, o terceiro elemento na composição da tríade.

Embora em linguagem corrente e não técnica possamos dizer que o *percipuum* é o terceiro elemento que faltava no processo perceptivo, precisamos ter cuidado com essa linguagem não técnica, porque ela dá margem a equívocos, principalmente na semiótica peirceana, em que primeiro, segundo e terceiro são termos lógicos, precisamente definidos. Se dissermos que o *percipuum* é o terceiro elemento, então, semioticamente, ele iria corresponder, dentro da semiose, ao interpretante, o que não é o caso. Mas é melhor seguir mais vagarosamente, nessas tentativas de explicação, para não sobrecarregar a apreensão do leitor.

Em primeiro lugar, é preciso reconhecer que percepto, julgamento de percepção e *percipuum* são ingredientes interdependentes, mas irredutíveis, o que permite que possam ser analiticamente isolados para exame das características de cada um deles. No processo perceptivo, evidentemente, eles não estão separados, mas ocorrem todos simultaneamente. Como é que poderíamos ter julgamento de percepção, sem o percepto, por exemplo. E, no entanto, o percepto é um segundo. O que isso significa? A separação dos elementos componentes é um recurso analítico. Não um mero artifício, note-se bem, visto que os elementos têm irredutibilidade. Embora sejam simultâneos, um não se reduz ao outro. Quanto à indicação numérica de primeiro, segundo e terceiro, esta é uma propriedade lógica da relação de interdependência dos elementos.

Vejamos, então, como se dá a lógica da interdependência dos elementos do processo perceptivo, ou melhor, da semiose perceptiva. Quando percebemos algo, estamos alertas a algo que está lá fora e se apresenta a nós e que não se exaure no processo perceptivo. Isso quer dizer: o som que ouço no *player*, enquanto escrevo, continua existindo independentemente de minha audição. E minha audição, no caso, nunca será capaz de captar todos os traços e aspectos desse som. Haverá sempre uma pluralidade de atributos e características que cada percepção particular sempre perderá, mesmo que o ouvinte, no caso desse exemplo, fosse um grande especialista em música.

Em síntese, perceber é se dar conta de algo externo a nós, o percepto. É isso, aliás, que dá ao perceber sua característica peculiar, de outro modo não haveria diferença entre perceber e sonhar, alucinar, devanear, pensar abstratamente etc. O que caracteriza a percepção é o senso de externalidade de que o percepto vem acompanhado. Perceber é se defrontar com algo. Se formos ingênuos, vamos imediatamente acreditar que esse algo que se apresenta é um primeiro. Engano. Diante de qualquer coisa que se apresenta, nossos esquemas mentais já estão preparados para produzir um efeito interpretativo que, para a mente, é um primeiro. Esses são os julgamentos de percepção ou signos.

Conclusão: nada podemos dizer sobre aquilo que aparece, senão pela mediação de um juízo perceptivo, isto é, uma interpretação. Como podemos interpretar algo externo a nós, qualquer coisa que seja, sem um julgamento de percepção que nos diga o que é que nós estamos percebendo? Basta pensar na situação quase esquizofrênica, insuportável, que é estar diante de algum percepto que escapa à nossa interpretação, ou seja, que não reconhecemos. Mas onde fica, então, o *percipuum*? Comecemos com a citação de Peirce em que o termo foi introduzido.

> Nada podemos saber sobre o percepto, a não ser pelo testemunho do julgamento de percepção, exceto o fato de que sentimos o golpe do percepto, sua reação contra nós. Assim como vemos

os conteúdos dele arranjados no objeto. Mas, no momento em que fixamos nossa mente sobre o percepto e pensamos a respeito de seu menor detalhe, é o julgamento de percepção que nos diz o que nós assim percebemos. Por essa e outras razões, proponho considerar o percepto, tal como ele é imediatamente interpretado no juízo perceptivo, sob o nome de *percipuum*. (CP 7.642)

Ora, se o *percipuum* é parte do julgamento de percepção, ao mesmo tempo que traz a marca do percepto, "o percepto tal como ele é imediatamente interpretado no juízo perceptivo" (sic), então, como já discuti no capítulo anterior, o *percipuum* só pode ser o objeto imediato do julgamento de percepção, aquele que faz a ponte, mediação, entre nossa mente e o mundo exterior. Tanto Hausman como eu chegamos a essa conclusão independentemente um do outro, o que é um argumento a mais para a sua possível validade.

Desse modo, temos o seguinte: o julgamento de percepção ou interpretação é um primeiro (signo) e o percepto é um segundo (objeto dinâmico). Se o *percipuum* é o objeto imediato, como parece ser, isto é, ponte entre o percepto e a interpretação, a pergunta óbvia que se coloca é sobre o interpretante. Vejamos.

O interpretante no processo perceptivo

Peirce colocou muita ênfase no elemento de generalização dos julgamentos perceptivos. De fato, se eles agem como signos, representantes do percepto, com a capacidade de trazer este último, já transmutado em *percipuum*, para o fluxo contínuo dos processos mentais, eles têm necessariamente que possuir elementos dominantes de generalidade. Mas Peirce também afirmou várias vezes que os julgamentos perceptivos se expressam em sentenças do tipo: "Este fogão é preto", "Este carro parece vermelho". Hausman (1990, p. 274) nos apresenta uma análise muito clara do que está implicado nessas declarações.

Ao analisar as condições para asseverar tais julgamentos, dois elementos, os mais gerais, são identificados. No caso do segundo exemplo, um elemento geral é a expectativa implicada pela ideia no predicado de que o "carro parece vermelho neste momento" e a necessidade da aplicabilidade repetível do predicado a outros objetos de julgamento relativos a coisas vermelhas e a carros (CP 5.542-545). Há uma responsabilidade que é assumida na asseveração do julgamento perceptivo, porque assumimos as consequências da predicação futura que se estende além do momento em que o julgamento é afirmado. Isso é sugerido na palavra "parece", quando o julgamento implica um engajamento em relação àquilo que o julgamento afirma sobre a cor do carro. Essa expectativa responsável é a intenção interpretativa, generalizante e atribuível à função do julgamento.

Nas sentenças, que *dão expressão* ao julgamento de percepção, fica nítido seu funcionamento como interpretantes. Isso porque um julgamento de percepção, em sua realidade mental, não é uma sentença. Afinal, os perceptos são tão imediatamente traduzidos em julgamentos que, em sua instantaneidade, não podem equivaler a sentenças. A sentença, no caso, corresponde a uma interpretação do juízo perceptivo. É certo que a forma lógica do julgamento de percepção deve ser semelhante à forma dessas sentenças, o que não significa que eles sejam sentenças. Desse modo, como expressão do julgamento perceptivo, as sentenças funcionam como seus interpretantes. A análise de Hausman, anterior, dos aspectos de predição e responsabilidade implicados nessas sentenças, são argumentos a mais para o desempenho de suas funções de interpretantes.

Estando os três membros da tríade – signo (juízo perceptivo), objeto dinâmico (percepto)/objeto imediato (*percipuum*), interpretante (asseveração do juízo perceptivo) – explicitados, é preciso notar que todos os estudiosos da teoria da percepção de Peirce colocam muita ênfase no papel nela desempenhado pela primeiridade. A maior parte dos comentadores percebe esse papel prioritariamente no julgamento de percepção, no que estão corretos. Entretanto, uma vez que as categorias fenomenológicas de Peirce são onipresentes e estão, com muita evidência, implicadas em todas as semioses possíveis, pareceu-me uma hipótese ponderável explorar a manifestação das três categorias em todos os componentes da tríade perceptiva: percepto (objeto dinâmico), *percipuum* (objeto imediato), juízo perceptivo (signo) e asseveração perceptiva (interpretante). Estando já explicitada a relação do percepto com as categorias (item 4), passemos para o *percipuum*.

Os três níveis do *percipuum*

Como foi mencionado antes, o *percipuum*, em sua natureza de percepto, tal como imediatamente interpretado no julgamento de percepção, pressupõe que o percepto necessariamente passe por nossos órgãos sensoriais. Peirce só aludiu a isso de modo breve, mas a consideração da questão parece se impor. Não estamos equipados apenas com esquemas mentais para traduzir o percepto em julgamento de percepção, mas também possuímos um equipamento sensório-motor que inclui certos sensores e não outros. Desse modo, no momento em que o percepto nos atinge, ele o faz de acordo com o modo como nossos órgãos do olhar, ouvir, apalpar, cheirar, degustar e nossos órgãos proprioceptores estão aptos a recebê-lo. Ou seja, o momento de chegada do percepto já é o momento de sua tradução através do nosso corpo. Por exemplo, nós enxergamos diferentemente de uma mosca, de um gato, o que significa que o *percipuum* já é uma tradução do percepto de acordo com o equipamento peculiar de nossos sensores. Desse modo, o *percipuum* se força sobre nós também, o que nos dá mais uma razão para considerá-lo objeto imediato da semiose perceptiva.

Não temos nem controle, nem consciência e nem meios de fazer com que o *percipuum* seja neutro, pois ele já é a tradução do percepto de acordo com o modo como estamos aptos a traduzir o que vem do mundo exterior. O *percipuum* está localizado abaixo do nível de nossa deliberação e nosso autocontrole. Ele flui e aflui continuamente dentro de nós, visto que o percepto é raramente algo isolado, mas sim um compósito contínuo. Tão logo o *percipuum* aflui, ele é imediatamente colhido e absorvido nas malhas dos esquemas interpretativos com que somos dotados: os julgamentos de percepção. Daí Peirce ter dito que só percebemos o que estamos equipados para interpretar. Ou seja, só ouvimos o que podemos ouvir, só entendemos o que podemos compreender. Nessa medida, também não temos domínio sobre os esquemas mentais envolvidos no julgamento de percepção, conforme isso foi discutido com extrema propriedade por Bernstein e Rosenthal.

Há muito pouco ou quase nada de nosso domínio e controle no processo perceptivo. Provavelmente, exercemos sobre a formação do julgamento perceptivo o mesmo controle que podemos desempenhar sobre o crescimento de nossas unhas e cabelos, que, de resto, crescem à nossa revelia, mesmo depois da morte. Se tivéssemos de tomar consciência da formação de cada julgamento de percepção, seríamos seres de uma lentidão paquidérmica e teríamos desaparecido do planeta por falta de adaptação para sobreviver. Ao contrário, as pressões da seleção têm levado a espécie à ampliação cada vez mais sutil de seus sentidos através da criação de meios e extensões técnicas para aprimorá-los.

Foi essa visão, que une o físico (o percepto) ao sensório (tradução do percepto por nossos sensores no *percipuum*) e ao mental (o percepto como imediatamente interpretado no *percipuum*), o que me levou a explorar a manifestação das três categorias no *percipuum*. Recordando, o percepto é primeiridade e secundidade. Sua terceiridade já seria percepto transmutado em *percipuum*. Ora, há sempre alguma espécie de correspondência entre o *percipuum* e o percepto. Isso não significa que o percipuum copia o percepto, que ele é uma imagem do percepto. Mas há alguma forma de ligação entre ambos, senão o *percipuum* não poderia funcionar como uma tradução do percepto. Pois bem, são exatamente as três categorias que nos fornecem o meio para compreender como se dá essa correspondência e de que forma se processa a tradução de percepto em *percipuum*. Ela se processa como:

a) qualidade de sentimento,
b) reação física, corpórea, sensória e sensual e, enfim,
c) processo interpretativo de acordo com esquemas gerais que colocam o *percipuum* nos fluxos contínuos dos processos mentais.

Pode haver dominância de um desses níveis sobre os outros, mas, no geral, eles ocorrem simultaneamente Vale mencionar que, para chegar a esses três níveis, segui não só a lógica das categorias, mas também uma insinuação fornecida por Peirce quando menciona os três elementos psíquicos do percepto:

a) as qualidades de sentimento;
b) as reações contra a nossa vontade e
c) os elementos associativos ou generalizantes.

Se esses elementos são psíquicos, então concluí que eles deveriam ser elementos do *percipuum*, seguindo, portanto, a sugestão peirceana de que o percepto, quando interpretado no julgamento de percepção, recebe o nome de *percipuum* para diferenciá-lo do percepto no sentido estrito. Ora, se o percepto é aquilo que se força sobre nossa atenção, batendo à porta de nossa apreensão, e o *percipuum* corresponde ao percepto tal como ele é imediatamente interpretado no julgamento de percepção, então a apreensão do percepto, no *percipuum*, ou melhor, o modo como o percepto, o que está fora, se traduz no *percipuum*, aquilo que está dentro, deve, evidente e logicamente, se dar de acordo com três modalidades: primeiridade, secundidade e terceiridade.

Desse modo, o percepto pode se apresentar em seu aspecto proeminentemente qualitativo e ser traduzido no *percipuum* como mera qualidade de sentimento vaga e difusa, imediaticidade qualitativa imprecisa e sem limites, desprendida do tempo e do espaço. Nesse caso, o percepto, pura qualidade, quase perde a força de sua compulsividade. Aliás, sua insistência se torna até desnecessária, porque o modo de absorção das qualidades se dá sempre em estado contemplativo, quando as tensões entre ação e reação tendem a se abrandar. Pensemos, por exemplo, nas qualidades de sentimento que meigamente nos assomam nas experiências que J. L. Borges chama de "fato estético": as cercanias do mar num momento plácido de gratidão pela vida, o gosto saboroso da fruta fresca numa tarde de verão escaldante, o olhar grávido de ternura que trocamos com uma criança.

Num segundo nível, de resto mais em concordância com a dualidade que predomina nas situações perceptivas, isto é, situações de confronto entre aquilo que se apresenta à percepção e aquele que percebe, o *percipuum*, serão frutos de uma oposição, entre ego e não ego. Quando muito inesperados, os perceptos produzem verdadeiros conflitos, *percipuum* em estado de luta, choque, surpresa. Imaginemos, por exemplo, uma bola que nos atinge enquanto caminhamos distraidamente pela praia, ou o toque do telefone que nos arranca bruscamente do sono.

Enfim, no terceiro nível, o *percipuum* já adquire características próprias de terceiridade, generalidade, em conformidade com os esquemas gerais que regulam nossos julgamentos de percepção, conforme discutiremos com algum cuidado mais adiante.

Os três níveis do julgamento de percepção

Pois bem, se o *percipuum* exibe convincentemente os níveis da primeiridade, secundidade e terceiridade, nada poderia ser mais provável do que o fato de que o juízo perceptivo também o faça. Aliás, desde a leitura do texto de Rosenthal, comecei a entreter essa hipótese, pois dois níveis das categorias já parecem ter sido detectados por essa autora naquilo que ela chamou de sentido estreito e sentido largo do julgamento perceptivo. Embora não tivesse tido acesso, naquela época, aos dois textos de Rosenthal, creio que há alguma semelhança entre nossas posições, embora, a meu ver, ela tenha deixado de perceber a operação de uma das categorias, a da secundidade ou indexicalidade, no julgamento perceptivo.

Uma vez que o julgamento de percepção funciona como signo, as categorias já operam nele *sub specie* sígnica, a saber, de acordo com os três níveis sígnicos: o quali-signo--icônico-remático, o sin-signo-indicial-dicente e o legi-signo-argumental-simbólico. Parece tão óbvio. No entanto, só me dei conta disso depois de muitos anos de familiaridade com a teoria da percepção peirceana e com as leituras de seus intérpretes.

O ícone na percepção

Há algum tempo venho chamando a atenção para a riqueza variada da concepção do ícone peirciano (Santaella, 1995, p. 143-157; 1996, p. 252-262; 2001, p. 105-111; Santaella e Nöth, 1998, p. 59-73), riqueza que está longe de se reduzir às tão propaladas explicações de que o ícone é um signo que representa seu objeto por semelhança. Essa, na realidade, é apenas uma das facetas do ícone, a do hipoícone. Uma leitura mais atenta dos escritos de Peirce, contudo, revelará que há várias outras facetas da iconicidade que vão do ícone puro, passam pelos ícones atuais até alcançar os hipoícones: imagem, diagrama e metáfora.

O ícone puro é algo mental, meramente possível, imaginante, indiscernível sentimento da forma ou forma de sentimento, ainda não relativo a nenhum objeto, sem poder de representação e, consequentemente, anterior à geração de qualquer interpretante.

Aquilo que chamo de ícones atuais diz respeito às funções que o ícone desempenha nos processos perceptivos. Em razão disso, podem também ser chamados de ícones perceptivos. Por serem perceptivos e atuais, esses ícones têm um aspecto obsistencial, diádico. Enquanto o ícone puro está no nível da primeiridade primeira, os ícones perceptivos estão no nível de uma primeiridade segunda, pois se manifestam no aqui e agora da percepção.

Os signos icônicos ou hipoícones nomeiam algo que já se apresenta como signo, pois professam representar alguma outra coisa. Por isso, são potencialmente triádicos, muito embora se trate de uma tríade não genuína, regida meramente por relações de comparação e cuja referência ao objeto se dá por semelhança. Por serem triádicos, os hipoícones têm três faces que correspondem à imagem, diagrama e metáfora. Uma vez que esses níveis de hipoiconicidade não têm uma atuação direta nos processos perceptivos, privilegiarei aqui apenas o ícone puro e os ícones atuais.

Os hipoícones foram mais claramente definidos por Peirce do que o ícone puro e os ícones atuais. Muito embora não tenham sido devidamente sistematizados, os escritos de Peirce me levaram a crer que essas facetas mais primitivas do ícone, por assim dizer, podem ser inferidas de muitas passagens de seus escritos relativos ao ícone. Além de estarem implícitos em muitas passagens, o ícone puro e os ícones atuais também se estruturam elegantemente dentro da lógica das categorias da primeiridade e secundidade. Isso funcionou como um dado a mais para a proposta de sistematização das facetas da iconicidade que aqui se seguirá.

Em 1989, apresentei um primeiro ensaio dessa proposta. Naquela época, entretanto, ainda não havia realizado o estudo mais aprofundado da teoria da percepção de Peirce, de modo que o resultado a respeito dos ícones atuais, a que pude chegar naquele momento, hoje me parece incompleto e insatisfatório. Nessa medida, apresentarei aqui uma versão mais sistematizada e mais completa de um estudo que tenho perseguido há muitos anos.

Para Peirce, não custa repetir, "os elementos de todo conceito entram no pensamento lógico pelos portões da percepção e dele saem pelos portões da ação deliberada, e tudo aquilo que não puder exibir seu passaporte em ambos portões, deve ser apreendido pela razão como elemento não autorizado" (CP 5.212). O conhecimento conceitual nasce, portanto, na percepção, na relação inseparável do conceito com o sensório. Um dos objetivos deste capítulo é ir destacando, ao longo da explanação sobre as diferentes facetas da iconicidade, a importância fundamental do papel desempenhado pelo ícone na descoberta e criação, na percepção e cognição.

O ícone puro

Sabe-se que o ícone pode ter três tipos de fundamento. Este pode ser um legi-signo, quando se tem um legi-signo icônico, como é o caso de um diagrama independente de sua realização concreta. O pensamento diagramático tem essas características. O fundamento do ícone pode também ser um sin-signo, quando se tem um sin-signo icônico, por exemplo, um diagrama individual: o mapa do metrô de Londres que tenho em minhas mãos. O fundamento pode ainda ser um quali-signo, uma mera qualidade de cor, cheiro, som etc., como está expresso na seguinte passagem de Peirce:

> Um ícone é um signo que se refere ao Objeto que denota apenas em virtude de seus caracteres próprios, caracteres que ele igualmente possui, quer um tal Objeto exista ou não. É certo que, a menos que realmente exista um tal Objeto, o Ícone não atua como signo. Qualquer coisa, seja uma qualidade, um existente ou uma lei, é um ícone de qualquer coisa, na medida em que for semelhante a essa coisa e utilizado como um signo seu. (CP 2.247)

Quando o fundamento do ícone é um legi-signo ou um sin-signo, os problemas que se apresentam para a compreensão do ícone não são tão grandes quanto aqueles que se apresentam quando o fundamento do ícone é tão somente um quali-signo, uma mera qualidade, pois para se compreender o funcionamento das qualidades como quali-signos, dois aspectos devem ser levados em consideração:

a) a qualidade deve ser considerada como tal, a saber, como mera possibilidade abstraída de sua ocorrência atual no tempo e no espaço, pois se considerarmos a qualidade como ocorrência, ela já terá perdido sua possibilidade característica para se tornar uma qualidade atual e, portanto, um sin-signo;

b) o quali-signo é um signo cujo objeto e cujo interpretante são também apenas virtuais, potenciais ou meramente possíveis e não atuais. "Um ícone é estritamente uma possibilidade envolvendo uma possibilidade e, assim, a possibilidade de ele ser representado como uma possibilidade é a possibilidade da possibilidade envolvida" (CP 2.311).

Se a ocorrência de uma qualidade no tempo e no espaço torna a qualidade, em grande medida, um sin-signo, se qualquer exemplo de qualidade já é um sin-signo, então o qualisigno icônico não passa de um possível. É por essa razão que Peirce estabeleceu as diferenças entre sin-signos icônicos ou hipoícones e ícones próprios até o extremo do ícone puro.

Para compreendermos essas diferenças, comecemos por uma passagem muito ilustrativa, na qual Peirce foi decantando a noção do ícone até chegar ao limite do ícone puro.

> Um Ícone é um *Representamen* cuja Qualidade Representativa é sua Primeiridade como Primeiro. Ou seja, a qualidade que ele tem *qua* coisa o torna apto a ser um *representamen*. Assim, qualquer coisa é capaz de ser um Substituto para qualquer coisa com a qual se assemelhe. (A concepção de "substituto" envolve a de um propósito e, com isso, a de terceiridade genuína.) Veremos se há ou não outras espécies de substitutos. Um *Representamen* apenas por Primeiridade somente pode ter um Objeto similar. Assim, um signo por contraste denota seu objeto apenas por força de um contraste ou Secundidade entre duas qualidades. Um signo por Primeiridade é uma imagem do seu objeto e, em termos mais estritos, só pode ser uma ideia, pois deve produzir uma ideia Interpretante, e um objeto externo excita uma ideia através de uma reação sobre o cérebro. *Contudo, em termos mais estritos ainda, mesmo uma ideia, exceto no sentido de uma possibilidade, ou primeiridade, não pode ser um Ícone. Uma simples possibilidade é um Ícone puramente por força de sua qualidade e seu objeto só pode ser uma Primeiridade*. Mas um signo pode ser icônico, isto é, pode representar seu objeto principalmente por sua similaridade, não importa qual seja seu modo de ser. Se o que se quer é um substitutivo, um *representamen* icônico pode ser denominado um hipo-ícone. (CP 2.276)

A parte grifada da passagem acima deixa evidente que Peirce buscava decantar a noção do ícone até o extremo de algo que só pode ter uma natureza mental, mas em estado ainda tão rudimentar que não chega a se constituir nem mesmo como uma ideia, retendo-se na abertura indefinida de uma mera possibilidade. Tudo indica que se trata de algo que está para brotar na mente, uma ideia em gestação, na iminência de emergir, mas ainda não delineada. São "*flashs* de incandescência mental, relâmpago sem trovão, não lembrados e, consequentemente, sem efeito" (CP 1.292), que trazem as luzes do *insight*, condição de espontaneidade livre, original, que antecede toda descoberta e criação. Artistas e cientistas conhecem bem esse estado de indeterminação porque convivem com ele.

Quando esse estado mental pré-emergencial do ícone, mera possibilidade à beira de uma estruturação, coagula-se em uma forma, essa forma é pura, pois não nasce da cópia de algo preexistente. É configuração que se engendra e que está na medula de toda criação, na medida em que a verdadeira criação não busca simplesmente assemelhar-se à forma de algo, mas quer essencialmente dar forma. "Nenhum Ícone puro representa nada além de Forma, nenhuma Forma pura é representada por nada a não ser um Ícone [...] pois, em precisão de discurso, os Ícones nada podem representar além de Formas e Sentimentos" (CP 4.544).

É por isso que a criação estética, quanto mais radicalmente criadora for, tanto mais será qualidade de sentimento que toma corpo em uma forma. Ao se materializar em uma configuração mental específica, essa forma já estará deixando o nível da possibilidade para se tornar uma ocorrência que caminha para o sin-signo, assim como terá traços de legi-signo responsáveis pela consistência e unidade da forma. No entanto, por se tratar apenas de uma forma mental original, sem relação com qualquer outra coisa, nela domina sua qualidade *sui generis*, de modo que aí ainda se está no nível do quali-signo icônico (ícone como possibilidade de se manifestar), visto que seu objeto é tão somente sua própria forma, com os limites imprecisos e relativamente vagos que caracterizam as formas nascentes. A citação a seguir ilustra bem essa ideia:

> Cada Ícone participa de algum caráter mais ou menos aberto de seu objeto. Eles, um e todos, participam do caráter mais aberto de todas as mentiras e decepções: sua abertura. No entanto, eles têm muito mais a ver com o caráter da verdade do que os Índices e os Símbolos. Um Ícone não está inequivocamente para esta ou aquela coisa existente como um Índice está. Seu objeto pode ser uma pura ficção quanto à sua existência. Muito menos é seu objeto necessariamente uma coisa de uma espécie habitualmente encontrável. Mas há uma segurança que o Ícone fornece no mais alto grau. Ou seja, aquela que se mostra diante do olhar da mente – a Forma do Ícone que é também seu objeto – deve ser logicamente possível. (CP 4.531)

Vem daí a importância que Peirce releva aos ícones no raciocínio.

> Um Ícone puro não pode fornecer nenhuma informação factual ou positiva, visto que ele não fornece nenhuma segurança de que há tal coisa na natureza. Mas ele é do maior valor para capacitar seu intérprete a estudar qual seria o caráter de um tal objeto, no caso de ele realmente existir. (CP 4.447)
> O valor de um Ícone consiste no fato de ele exibir os caracteres de um estado de coisas consideradas puramente imaginárias. (CP 4.448)
> O raciocínio deve estar principalmente relacionado com as formas que são os principais objetos do *insight* racional. Por isso mesmo, Ícones são especialmente requisitados para o raciocínio. (CP 4.531)

Em suma, ícone puro é quase-signo, quer dizer, signo em seu estado monádico, responsável pelo que costuma ser chamado de *insight*, fruto de um potencial da mente humana para produzir configurações que não são copiadas de algo prévio, mas brotam sob o governo incontrolável das associações, sob as engenhosas fabulações do demônio das similitudes que faz sua festa na mente dos artistas. Festa similar é reencenada no efeito estético que as grandes obras de literatura e arte produzem em nós. Por isso mesmo, para Borges, o efeito estético é uma forma de felicidade, instante de mergulho na eternidade fugidia da comunhão dos sentidos.

Os ícones atuais

A passagem do ícone puro ao ícone atual foi nitidamente demarcada por Peirce:

> Um Ícone é um *representamen* daquilo que ele representa e para a mente que o interpreta como tal, em virtude de ele ser uma imagem imediata, quer dizer, em virtude de caracteres que pertencem a ele mesmo como um objeto sensível, e que ele possuiria do mesmo modo, se houvesse na natureza um objeto com o qual ele se parecesse, e mesmo que ele nunca fosse interpretado como signo. Ele é da natureza de uma aparência, e como tal, estritamente falando só existe na consciência, embora, por conveniência na fala comum e quando a extrema precisão não é necessária, possamos estender o termo Ícone para os objetos externos que excitam na consciência a imagem ela mesma. (CP 4.447)

Ao falar de objetos externos que excitam a consciência, isto é, que agem sobre a consciência, Peirce está evidentemente considerando algo que se apresenta à percepção, referindo-se, portanto, a uma relação dominantemente diádica. Sob que aspectos, então, o ícone, que é da essência do primeiro, poderia se manifestar na diádica? Há vários aspectos por meio dos quais o papel do ícone é desempenhado na percepção. Para chegarmos a eles, é necessário recordar que todos os três – percepto, *percipuum* e juízo perceptivo – apresentam uma dimensão de primeiridade. É nessa dimensão que o papel do ícone se evidencia. Comecemos pelo percepto.

Em algumas passagens, Peirce é bastante explícito sobre a não racionalidade do percepto, levando-nos a inferir que o percepto não tem elementos de terceiridade, mas apenas de primeiridade e secundidade, de modo que o elemento de terceiridade só pode ser providenciado pelo lado cognitivo do percepto que é o *percipuum*. A secundidade do percepto é bastante óbvia, pois a dualidade da percepção salta aos olhos. Repetimos: perceber é necessariamente estar em uma situação de confronto entre aquilo que se apresenta à percepção e que se força à atenção – o percepto– e aquele que percebe. Ora, o percepto, que se força sobre nós, tem um elemento de primeiridade, a saber, sua pura qualidade imediata, positiva e simples.

Como foi visto no capítulo 4, Hausman (1990, p. 290-291) relaciona essa qualidade imediata com a noção de *medad*, noção mais primitiva do que o conceito de mônada. Conforme já foi explicitado, quando esse elemento de pura qualidade prepondera no próprio percepto, o *percipuum* que dele emerge, assim o faz como mera qualidade de sentimento, qualidade positiva em sua simplicidade. Trata-se aí do nível de primeiridade do *percipuum*, sentimento vago e indefinido que assoma à consciência de quem percebe, envolvendo-a no lusco-fusco da imprecisão. Esse ingrediente é constante em todo *percipuum*. O que varia é a intensidade. Na dominância da primeiridade, a intensidade é maior, pois se dá aí a conjunção do percepto, que se apresenta como pura qualidade, com certo estado de espírito desprendido daquele que percebe, recolhidos ambos no coágulo de um instante certeiro.

De fato, se a consciência de quem percebe se encontra em estado desarmado e cândido, consciência porosa e esgarçada, aberta e disponível, a qualidade que aparece não será sentida como um existente (não ego), nem será interpretada ou mediada por um juízo de percepção. Será imediatamente convertida tão somente em qualidade de sentimento, em impressão (*feeling*) ou quase predicado da qualidade. Esse sentimento é da natureza de um quase-signo, do qual a qualidade que aparece é um quali-signo, quase-objeto. Os limites entre signo e objeto (juízo perceptivo, *percipuum* e percepto) ficam borrados e se misturam. A qualidade do percepto e a qualidade de sentimento formam uma mônada indiscernível. Num lapso de tempo, mergulho no indizível, o sentimento é sentido como se fosse o próprio percepto.

São essas qualidades de sentimento que dão à dimensão estética da experiência o seu sabor especial, dimensão esta que pode nos assaltar imponderavelmente a qualquer instante: num olhar que varre desavisadamente um horizonte crepuscular, no roçar distraído e amorável de dois corpos, no degustar do vinho, no frescor da brisa brincando docemente com o corpo, nos fugidios plenilúnios da alma que chamamos de felicidade. Essa mesma dimensão é aquela que prepondera no poder de contemplação do artista, em sua capacidade rara de ver o que está diante dos olhos sem substituir por nenhuma interpretação.

No percepto e *percipuum* em nível de primeiridade, ficamos bem perto do ícone puro, com a diferença de que, lá, é algo que brota da dinâmica interna da mente, enquanto aqui, quando falamos de percepto e *percipuum*, estamos nos referindo a um percepto externo que produz uma reação sobre a consciência. Reação é secundidade. Entretanto, o aspecto reativo fica minimizado, nessa instância de primeiridade, visto que a qualidade de sentimento que surge, como efeito da pura presença momentânea do percepto, constitui-se em uma relação monádica que funciona como condição envolvente da presença mesma da inteligibilidade (Hausman, 1990, p. 291).

Além do aspecto de primeiridade, o *percipuum* apresenta um elemento de secundidade e de terceiridade. A secundidade se manifesta na dualidade típica das situações perceptivas entre algo, lá fora, que se apresenta à percepção e aquele que percebe. Há situações perceptivas em que esse elemento de secundidade pode vir para um primeiro plano, quando o percepto surge proeminentemente como não ego, alteridade, surpresa e impacto. No nível de terceiridade, o *percipuum* é absorvido nos esquemas gerais que regulam os juízos perceptivos. Mas essa questão já foi tratada acima, com os devidos detalhes, o que nos conduz para o estatuto mais propriamente cognitivo do ícone no juízo perceptivo.

O papel do ícone no julgamento perceptivo

Embora represente o nível de terceiridade do *percipuum*, o juízo de percepção também irá apresentar as dimensões de primeiridade, secundidade e terceiridade que lhe são próprias. O exame da sua dimensão de primeiridade nos revelará o papel cognitivo que o ícone desempenha na percepção. Ransdell (1966, p. 151-152) introduziu essa questão com lucidez.

> Sugiro que, na medida em que se guarda na mente, como exemplos de ícones ou signos icônicos, apenas coisas tais como mapas, retratos, diagramas ou similares, pode-se estar perdendo o ponto que é mais importante à noção de ícone ou signos icônicos, ou seja, que ela habilita Peirce a combinar a doutrina da cognição representativa com a doutrina da percepção imediata do objeto conhecido. A percepção pode ser vista como representativa, devido ao fato de que o objeto aparece sob uma forma (*qua* forma) que não pode ser materialmente idêntica ao objeto percebido e que pode, de fato, ser representativa de qualquer número de diferentes objetos individuais; mas ela pode ser considerada imediata, porque – se a percepção é verídica – a forma sob a qual o objeto aparece é a própria *vera* forma, quer dizer, é precisamente a forma que ele corporifica. Assim, a percepção sensória imediata de um objeto seria um caso especial de uma entidade, A, sendo um signo icônico de uma entidade, B, ou seja, aquele caso em que A e B são, de fato, não apenas formalmente mas materialmente idênticos, isto é, o caso em que o objeto percebido, B, é um signo icônico, A, de si mesmo.

A interpretação dessa citação exige algum detalhamento analítico. Todo ato de percepção deve incluir um ingrediente icônico. Este corresponde ao aspecto monádico que está encapsulado no juízo perceptivo. Toda percepção tem um caráter esquemático. Nunca percebemos mais do que uma seleção extremamente limitada dos aspectos formais daquilo que é percebido. Embora a identidade material entre o objeto percebido e o modo como ele é percebido sejam radicalmente distintos, há, contudo, uma comunhão na identidade formal de ambos. Esse aspecto icônico é necessariamente esquemático, retendo do objeto apenas os traços formais essenciais, nos quais o objeto e a percepção se identificam. Sob esse ângulo, não há nenhuma distinção formal ou separação entre aquele algo que está lá fora, o percepto, e esse percepto tal como aparece no *percipuum*. Nessa medida, o ingrediente icônico é justamente aquilo que dá suporte ao processo perceptivo, funcionando como substrato da ilusão, subjacente a toda percepção de que o objeto, tal como percebido, é o próprio objeto.

Entretanto, a variação espaço-temporal nos ângulos perceptivos rompe com essa identidade, evidenciando a disparidade material e abrindo o fosso entre o perceber (*percipuum*) e o percebido (percepto). É por isso que a percepção imediata, em sua imediaticidade, corresponde à identidade formal, antes da insinuação da disparidade material entre perceber e percebido. Essa disparidade é inelutável. Uma vez que a percepção se dá no tempo e espaço, a imediaticidade é justamente aquilo que continuamente escapa, fazendo escapar a identidade material e abrindo a brecha entre o perceber e o percebido. Perceber é, assim, movimento de reunião e separação. Reunião formal (primeiridade, mônada) e separação material (secundidade, díada), para serem reintegradas cognitivamente em uma mediação intelectual que se dá no juízo perceptivo.

Enquanto no nível de primeiridade tem-se a percepção imediata do *percipuum*, o nível de secundidade introduz a separação material entre a forma do objeto percebido e sua forma no *percipuum*. O juízo perceptivo, dimensão de terceiridade, introduz a síntese cognitiva entre a instância de conjunção da primeiridade e a instância de separação da secundidade, instaurando a cognição representativa, no sentido peirceano, que é própria de toda percepção.

Devemos levar em consideração, entretanto, que há situações perceptivas possíveis, mas raras, em que o aspecto monádico da percepção imediata, que corresponde à identidade formal entre percepto e *percipuum*, vem para um primeiro plano, suspendendo a disparidade material entre perceber e percebido. Nessas situações de conjunção perceptiva, o objeto percebido e o *percipuum* se unem como se fossem idênticos, não apenas formalmente, mas também materialmente. Um exemplo disso, que tenho citado de maneira incansável, está magistralmente ilustrado em um conto de Borges (1971, p. 31-32) "La rosa amarilla", tão breve que permite sua transcrição integral abaixo:

> Ni aquella tarde ni la otra murió el ilustre Giambattista Marino, que las bocas unánimes de la Fama (para usar una imagen que le fue cara) proclamaron el nuevo Homero y el nuevo Dante, pero el hecho inmóvil y silencioso que entonces ocorrió fue en verdad el último de su vida. Colmado de anos y de gloria, el hombre se moría en um vasto lecho espanol de columnas labradas. Nada cuesta imaginar a unos pasos un sereno balcón que mira al poniente y, más abajo, mármore y laureles y un jardín que duplica sus graderias en un agua rectangular: Una mujer ha puesto en una copa una rosa amarilla; el hombre murmura los versos inevitables que a él mismo, para hablar con sinceridad, ya lo hastían un poco:
> Púrpura del jardín, pompa del prado,
> gema de primavera, ojo de abril...
> Entonces ocurrió la revelación. Marino vio la rosa, como Adán puedo verla en el Paraíso, y sintió que ella estava en su eternidad y no en sus palabras y que podemos mencionar o aludir pero no expresar y que los altos y soberbios volúmenes que formaban en un ángulo de la sala una penumbra de oro no eran (como su vanidad sonó) un espejo del mundo, sino uan cosa más agregada al mundo.
> Esta iluminación alcanzo Marino en la víspera de su muerte, y Homero y Dante acaso la alcanzaron también.

Ver a rosa (Borges grifou o verbo *ver*), ver a rosa mesma, no momento último de sua vida, salvou Marino de morrer sem ver (quantas vidas transcorrem sem nenhum instante de visão!). Silenciosa aparência da rosa em comunhão consigo mesma, aquém de qualquer interpretação. Libertos das malhas interpretativas pela iminência da morte, os olhos de Marino, pela primeira vez, viram a rosa como se fosse a própria rosa. No coágulo desse instante, no sopro de revelação da rosa, revelou-se o universo inteiro. O que Borges faz seguir a isso, na condensação estética de umas poucas frases, cifra tudo ou quase tudo aquilo que Peirce buscou decifrar em suas reflexões sobre o ícone.

Aquela rosa, vista com olhos livres, não estava nas palavras, mas na eternidade. Um instante raro de visão capaz de capturar não apenas a identidade formal, mas também material, entre o perceber e o percebido, é percepção imediata em sua imediaticidade. Mas percepção imediata é justamente aquilo que se perde quando se percebe, justamente aquilo que escapa porque não pode ser retido. Reter o impossível e entrar no clarão fugidio é penetrar no presente eterno da imediaticidade. Borges estava cônscio da excepcionalidade desse fato imóvel e silencioso – roçar da eternidade – que só poderia ser o último na vida de Marino.

A primeiridade do juízo perceptivo, mais uma vez, nos coloca bem perto do ícone puro. Entretanto, por se tratar aí de um juízo de percepção, elementos de reconhecimento cognitivo do percepto já estão envolvidos, de modo que, primeiridade, no juízo perceptivo, deve corresponder àquilo que Peirce chama de terceiridade em seu nível mais alto de degeneração. O segundo nível de degeneração corresponde ao índice, enquanto a terceiridade, mais perto de seu caráter genuíno, corresponde ao símbolo. Antes de passarmos ao papel desempenhado por ambos, índice e símbolo, no julgamento perceptivo, há ainda um aspecto icônico que não pode ser negligenciado, a saber, os tipos de juízos perceptivos que os perceptos, em sua natureza de quali-signos icônicos, produzem.

Julgamentos perceptivos de quali-signos icônicos

Que tipo de juízo perceptivo a mente produz diante de quali-signos? Savan (1976, p. 14--15) nos fornece uma resposta bastante completa:

> Uma qualidade como tal só pode ser o signo de uma qualidade. De que qualidade ela é um signo? Sob qual fundamento pode qualquer qualidade particular ser selecionada como o objeto de um quali-signo? A resposta natural é que uma qualidade só pode ser o signo de uma qualidade idêntica ou similar. A dificuldade dessa resposta é a de que não há critérios de identidade para qualidades. Pensemos, por exemplo, nas grandes diferenças entre os modos como as diferentes culturas classificam as qualidades da cor, ou do som, ou do odor. Pensemos também no treino disciplinado que é necessário em nossa própria cultura para se obter concordância nos julgamentos de qualidade entre os músicos, experimentadores de chá ou de vinho, misturadores de cores etc. De fato, conforme Peirce enfaticamente apontou em outros contextos, dizer que um exemplar A é idêntico ou similar a um exemplar B é, no máximo, uma hipótese. A qualidade passada, tal como ela se apresentava nela mesma, não pode ser trazida conjuntamente à quali-

dade presente para comparação. A precisão de nossa memória não pode ser testada, de modo que não faz sentido perguntar por tal comparação. Desse modo, uma qualidade é idêntica ou semelhante àquelas qualidades das quais ela é julgada como sendo um signo. Se o homem cego de Locke julga o som de uma trombeta como sendo vermelho, que assim seja. O som é o quali--signo da cor. Tais argumentos levaram Peirce a adotar a hipótese da sinestesia, isto é, de que todas as modalidades sensórias formam um *continuum* de qualidades.

Em síntese, se é impossível fazer qualquer relato ou análise da semelhança, o único critério para se decidir se uma qualidade assemelha-se a outra é a sincera asserção que alguém nos dá de que isso é assim. Desse modo, uma qualidade X só pode se assemelhar a qualquer outra qualidade, ou nenhuma, dependendo de alguém que faça a asserção sincera dessa semelhança. Conclusão: dizer que uma qualidade se assemelha a outra é, no máximo, adotar uma hipótese.

Isso significa: se o juízo perceptivo é aquilo que nos diz sobre aquilo que é percebido, quando o que é percebido não é outra coisa senão uma qualidade, o objeto dessa qualidade só pode ser outra qualidade. Essa outra qualidade, como objeto do quali-signo, é criada pelo próprio julgamento de percepção, na medida em que esse julgamento formula uma hipótese de identidade ou semelhança entre as duas qualidades. Consequentemente, o juízo perceptivo ou reação da consciência diante de uma qualidade não passa de uma hipótese.

A reação hipotética diante da qualidade possui três níveis. O primeiro nível ocorre quando a qualidade que funciona como signo e aquela que funciona como objeto se comungam, formando uma mônada, uma só unidade até o ponto de serem ambas dificilmente distinguíveis ou mesmo indistinguíveis. Trata-se aí de uma quase hipótese muito vaga e sem limites precisos. Acontece que duas qualidades se juntam na percepção como se fossem uma só qualidade. Olho para uma formação de nuvens e lá vejo o perfil de um rosto. A qualidade das formas nas nuvens é, para mim, naquele instante, o próprio perfil do rosto.

No segundo nível, uma qualidade individual é tomada como objeto de outra qualidade individual. Esse nível é muito bem ilustrado pelo homem cego de Locke, para quem o som de uma trombeta é vermelho, isto é, para quem a qualidade do vermelho, que não pode ser experienciada por ele, é tomada como objeto da qualidade do som. É também o que ocorre quando, por exemplo, uma cor é comparada com um cheiro.

No terceiro nível, há a adoção de uma hipótese de semelhança, postulada de modo geral, com validade para um assentimento mais coletivo. Essa hipótese é terceiridade, uma regra de razão sujeita a revisões à luz de evidências futuras. Assim, o comportamento de um político é comparado ao de um tirano e tal semelhança se torna coletivamente aceita, na medida em que nada venha modificar essa imagem. Vejamos, assim, como se comporta a secundidade, ou seja, a indexicalidade do juízo perceptivo.

O índice no julgamento perceptivo

O que é o índice

Goudge (1965, p. 54) distingue em seis níveis as características distintivas do índice:

a) O índice tem uma conexão física, direta com seu objeto, ou é realmente afetado por esse objeto, a mente interpretadora não tem nada a ver com essa conexão a não ser notá-la.
b) O índice exerce uma influência compulsiva no intérprete, forçando-o a atentar para o objeto indicado.
c) O índice envolve a existência de seu objeto de modo a formar com ele um par inseparável. (4) O objeto é sempre uma entidade individual.
d) O índice não faz nenhuma asserção, apenas mostra seu objeto.
e) A relação entre índice e objeto é não racional, uma questão de fato bruto, secundidade.

Onde houver ligação de fato, dinâmica, por mais rudimentar que seja, entre duas coisas singulares, aí haverá traços de indexicalidade. Esses traços significam que é a conexão física entre signo e objeto que dá capacidade para o índice agir como signo, independentemente de ser interpretado ou não. Evidentemente, ele só funcionará efetivamente como signo ao encontrar um intérprete, mas não é este que lhe transfere esse poder, e sim sua afecção pelo objeto. Quando o índice é genuíno, realmente dual, o papel do intérprete é tão somente o de constatar a marca, no signo, de sua afecção pelo objeto (para mais informação sobre isso, ver Santaella, 2001, p. 197-201).

O papel do índice no julgamento perceptivo

O papel desempenhado pelo índice no juízo perceptivo, muito claramente expresso por Peirce, foi percebido mas não sistematizado por Hausman, tendo passado totalmente despercebido a Rosenthal, que colocou ênfase em apenas dois níveis do *percipuum* e dois níveis do julgamento perceptivo. Tratando-se de Peirce, falar em dois níveis de alguma coisa já produz a desconfiança de que algo está faltando. O que faltou à análise de Rosenthal é justamente a indexicalidade do julgamento de percepção. Esse nível de secundidade, que corresponde ao nível indicial, está muito bem expresso em uma passagem de Peirce: "O juízo perceptivo professa representar o percepto... Mas ele não representa o percepto logicamente. Ele o representa como um índice, ou verdadeiro sintoma... que é levado por força bruta a corresponder ao seu objeto" (CP 7.628).

Trata-se aí do nível de indexicalidade que todo juízo perceptivo deve ter para poder ser aplicado, isto é, para poder referenciar o percepto. Corresponde às marcas que o *percipuum* e, consequentemente, o juízo perceptivo trazem do percepto. Se não houvesse esse tipo de ligação factual, se o julgamento de percepção não fosse um sintoma do percepto, não seria possível confiar nele como juízo daquele percepto específico. É a indexicalidade que introduz o elemento de singularidade, unindo o geral da semelhança icônica, nível de primeiridade, ao particular e contingente, nível de secundidade. Sem o índice, a semelhança icônica não poderia ser aplicada a um objeto particular.

Já o nível de terceiridade do juízo perceptivo implica uma série de ingredientes cognitivos, para cuja apreensão uma grande acuidade analítica se faz necessária. Uma vez que ele próprio, o juízo perceptivo, corresponde à terceiridade do *percipuum*, ambos, *percipuum* e juízo perceptivo, apresentam-se de modo bastante amalgamado.

O símbolo no julgamento perceptivo

O que é o símbolo

Símbolos são signos que funcionam como tal "não em virtude de um caráter que lhes pertence como coisas, nem em virtude de uma conexão real com seus objetos, mas simplesmente em virtude de serem representados como sendo signos" (CP 8.119). Diferentemente tanto do ícone, que tem sua relação com um possível objeto fundada em uma mera semelhança, quanto do índice, cuja relação com o objeto é uma relação de fato, existencial, o fundamento da relação do símbolo com o objeto que ele representa depende de um caráter imputado, arbitrário, não motivado. Assim, o símbolo é um signo que se conecta "com seu objeto por meio de uma convenção de que ele será assim entendido ou, ainda, por meio de um instinto ou ato intelectual que o toma como representando seu objeto, sem que qualquer ação necessariamente ocorra para estabelecer uma conexão factual entre signo e objeto" (CP 2.308).

O símbolo em si mesmo, em sua natureza de legi-signo, é um tipo geral, abstrato. Não menos abstrato do que o símbolo é seu objeto e seu interpretante (para mais informações sobre isso, ver Santaella, 2001, p. 261-270).

Os ingredientes cognitivos do julgamento perceptivo

Para inteligir o nível de terceiridade do julgamento de percepção, que estou chamando de simbólico, é preciso penetrar nos ingredientes conceituais e cognitivos do símbolo. Estes são extremamente complexos. Felizmente, só teremos de lidar aqui com os ingredientes que atuam diretamente na percepção. Tanto quanto posso ver, os fatores mais fundamentais das operações cognitivas envolvidas pela percepção são aqueles que aparecem nas análises detalhadas dos componentes do *percipuum* e do juízo perceptivo, realizadas por Rosenthal (1969, 1992), já discutidas no capítulo 4.

Recordando: os subconceitos mais importantes do *percipuum* são o *antecipuum* e o *ponecipuum*, a saber, a antecipação próxima e a memória recente com que o *percipuum* se faz acompanhar. Segundo Rosenthal, o *antecipuum* corresponde às antecipações e predições que aderem ao *percipuum*, portanto, é uma interpretação do antecepto, assim como o *ponecipuum* é a lembrança do ponecepto, ou, melhor ainda, um ponecepto tal como lembrado.

Juntamente com o conceito de esquemata, esses subconceitos do *percipuum* são importantes para se esclarecer o entendimento que Peirce tinha da estrutura interna do significado. Distinto de Kant, para ele, o aspecto esquemático do conhecimento conceitual encontra-se na fusão inseparável do sensório e do relacional, como veículo por meio do qual pensamos sobre e reconhecemos os objetos do mundo. O esquema possibilita a produção de um aspecto ulterior de um objeto, porque ele incorpora, em sua estrutura, o *ponecipuum*, que é "o coração sensório generalizado da imagem esquemática dentro da estrutura interna do significado, ou sensação generalizada".

Também já vimos que, segundo Rosenthal, o juízo perceptivo tem dois sentidos: um estreito e um amplo. No sentido estreito, ele é a hipótese abdutiva primitiva de uma repetição presente de um conteúdo experiencial passado, e o conteúdo, de fato, se torna uma repetição de conteúdos previamente experimentados apenas na medida em que o juízo de percepção o assimile a esses conteúdos, no processo abdutivo de reconhecimento. O *percipuum* deve incluir o *ponecipuum*, pois é só à luz do *ponecipuum*, representando o caráter do que é passado, que o percepto pode ser reconhecido no julgamento de percepção em seu sentido estreito.

Dando continuidade a essa breve retomada daquilo que já está mais demoradamente exposto no capítulo 4, Rosenthal interpreta o *antecipuum* como aquele elemento vago, antecipação não inteiramente consciente da experiência futura que segue o juízo perceptivo ou o reconhecimento do conteúdo apresentado e que, como explicitamente interpretado no *antecipuum*, forma o nível de interpretação conceitual completa ou significado preditivo. A autora fala aí de um estrato primitivo no significado conceitual, em vez de um estrato adicional no reconhecimento do conteúdo presente. Como um ponto de parada analítica na análise da percepção, encontra-se um conteúdo reconhecível ou *percipuum* ao qual falta totalmente referência a uma experiência futura, mas que, como um conteúdo reconhecido, depende e é, de fato, o resultado do juízo – o juízo perceptivo em sentido estreito. É difícil especificar o conteúdo desse ponto de parada analítica, pois o *percipuum*, quando tomado em sua pureza, não se expressa nem na linguagem da objetividade, nem na linguagem da aparência. Mas ele está lá como um elemento analítico da situação perceptiva, servindo de base para nossos significados preditivos e completos tal como se desenvolvem no antecepto e *antecipuum*.

O exame das condições de inteligibilidade do juízo perceptivo está também detalhado no capítulo 4, quando Hausman explana sobre o modo como saltos abdutivos podem entrar na percepção ao mesmo tempo que aparecem no *continuum*. Essa microscopia analítica com que Peirce e seus intérpretes expõem o juízo perceptivo vem dar munição ao lugar que reservei para a teoria peirceana da percepção quando confrontada com as teorias de Merleau-Ponty e de Gibson, uma reflexão que está prometida para o próximo capítulo dos apontamentos finais.

Neste ponto, o leitor deve estar se perguntando se o interpretante do processo perceptivo também não apresenta três níveis correspondentes às três categorias. Estou certa de que sim, e a chave para chegar a eles encontra-se nos níveis do interpretante dinâmico que foram estabelecidas por Peirce: o emocional, o energético e o lógico. Assim, se o interpretante na percepção corresponde à asseveração daquilo que o julgamento perceptivo nos diz ser o percepto, então, no primeiro nível, o interpretante produz um assentimento. Olhamos para o céu e divisamos ao longe um ponto de luz. O julgamento de percepção nos diz que é uma estrela. No primeiro nível do interpretante, consentimos com esse juízo: "Sim, é uma estrela". No nível de secundidade, do interpretante energético, o que se produziria, ao contrário, seria a dúvida: "Não é uma estrela, creio que é um avião, mas aviões não voam tão alto. O que pode ser?". Já no terceiro nível do interpretante, opera-se uma regra lógica: "Se a luz apresenta tais e tais características, então, só pode ser uma estrela".

Comentários

Hausman (1990, p. 271-273) afirma que, para Peirce, o raciocício não começa nem nas impressões de sentido, tal como queriam os empiricistas, nem em intuições, tais como as primeiras cognições ou atos imediatos de conhecimento representados na filosofia cartesiana. Esse repúdio ao fundacionalismo coloca o problema da validação ou do estabelecimento de bases sólidas para a função mediadora, que é essencial ao pensamento ou raciocínio genuíno. O conhecimento não parte nem dos dados indubitáveis da experiência sensória, nem de primeiros princípios, esse é o ponto de partida peirceano. Então, como pode o relativismo descompromissado ou alguma forma de anarquismo epistemológico ser evitado?

Em primeiro lugar, é claro que Peirce defendeu o falibilismo, nome com que batizou seu sistema de pensamento científico, mas isso, de modo algum, fazia dele um relativista. Ele rejeitou enfaticamente as implicações relativistas do nominalismo, assim como qualquer concepção de uma coisa-em-si incognoscível. Muito embora tenha rejeitado o papel fundacionalista das impressões de sentidos dos empiristas, ele insistia na necessidade da percepção na fundação do pensamento. O conhecimento começa na porta da percepção, e não a partir de algum pressuposto forjado pela dúvida.

Contudo, fundar o pensamento na percepção é fundá-lo em terreno movediço. Primeiro, porque, como já mencionado, quase todo o processo da percepção corre sem que tenhamos sobre ele qualquer domínio. Segundo, porque o conhecimento, que se gera da experiência, só tem valor na medida em que contribua para futuras interpretações. E aqui está o gancho para começarmos a entender a posição epistemológica que se extrai da teoria da percepção peirceana.

Os elementos incontroláveis da percepção estão inalienavelmente atados ao contínuo do pensamento que, por sua natureza, pode ser expresso em signos externos, que são, por sua própria natureza, sociais e passíveis de crítica. O significado de qualquer pensamento, portanto, e de sua função cognitiva, consequentemente, depende de o pensamento ser referido a pensamentos futuros em virtude da interpretação. É certo, nos alerta Hausman, que isso nos levaria longe demais da percepção até uma comunidade de intérpretes, responsáveis pela condução do pensamento em compromisso com a verdade, o que pode facilmente desembocar apenas em outra versão do idealismo.

Os limites da tendência idealista podem ser indicados, no entanto, se olharmos bem dentro da concepção peirceana dos julgamentos perceptivos neles mesmos. Nunca é demais reafirmar o caráter generalizador dos julgamentos perceptivos. É ele que nos fornece a ponte entre a percepção e outros tipos de interpretação, não importa quão gerais eles sejam. Mas isso não resolve o problema do estigma idealista de Peirce, que é possível a partir disso.

A tendência generalizante dos julgamentos perceptivos é, contudo, apenas um dos lados da questão. Do lado de cá, encontra-se a insistência peirceana no fato de que o juízo perceptivo é determinado por um objeto não cognitivo, *real*, independente do pensamento, uma condição externa que determina a interpretação, enfim, um objeto do pensamento que tem uma realidade fora do pensamento. Mas, como se unem esses dois elementos aparentemente díspares?

Unem-se pela mediação do signo. Isso, por si mesmo, já seria uma novidade. Peirce vai mais além. Entre o signo e o objeto ou externalidade dinâmica, existe a mediação do objeto imediato, quer dizer, trata-se logicamente do próprio objeto que está fora, mas transmutado pelo modo como o signo o representa ou tal como o apresenta ou indica. Além disso, o vínculo do objeto externo com o signo não se rompe nunca, pois o interpretante, ou criatura que o signo cria e em que é interpretado, também é uma interpretação do próprio objeto.

Bernstein (1964) discutiu em detalhes importantes por que a posição filosófica de Peirce, que, aliás, é bem difícil de ser compreendida se negligenciarmos sua teoria da percepção, tem uma originalidade radical, tanto em relação aos antagonismos passados entre idealismo e empiricismo quanto às posições epistemológicas mais modernas. Dada a admirável capacidade de síntese crítica com que Bernstein apresentou um assunto tão complexo, discorrerei sobre suas implicações seguindo seus passos.

Se há um filósofo em relação ao qual Peirce foi radicalmente antagônico, esse filósofo foi Descartes. Por isso, costumo dizer que, se Descartes fundou a filosofia moderna, Peirce deve, provavelmente, ter fundado a filosofia pós-moderna. Enfim, Peirce desmontou todos os pilares que sustentavam a filosofia de Descartes, entre os quais se destacam: a dualidade ontológica mente e corpo, o individualismo subjetivo, o método da dúvida universal, assim como a doutrina de que podemos romper o miasma de nossa linguagem ou sistema de signos e ter um conhecimento intuitivo e direto de nosso pensamento e das coisas (para mais detalhes, ver Santaella, 2004a).

Em seus argumentos contra Descartes, o que parece emergir é uma possível semelhança de Peirce em relação a Hegel e aos idealistas do século XIX. Tanto Hegel quanto os idealistas e também Peirce acreditaram que os julgamentos perceptivos são falíveis. Concordando com os idealistas, Peirce também estava em oposição aos empiricistas, em sua assimilação dos perceptos, imagens e dados dos sentidos com os julgamentos perceptivos. Para Peirce, ao contrário, o julgamento de percepção não é nunca validado, apelando-se para um episódio em que ele se autoautentifica, mas apenas ao ser testado em sua relação com outros julgamentos de percepção.

Diferentemente dos idealistas, no entanto, o grande *insight* de Peirce foi perceber que os idealistas não escaparam do intuicionismo. Os idealistas pegaram na porta dos fundos aquilo que haviam abandonado na porta da frente. Eles também condenaram, tanto quanto Peirce, a pluralidade das intuições discretas que os empiricistas consideravam o ponto de partida de todo conhecimento. Mas, no lugar desses dados empíricos, os idealistas colocaram uma grande intuição como termo médio, uma mediação muito ampla que se coloca como o objetivo de nossa busca de conhecimento. Os julgamentos de percepção são agora falíveis, e não infalíveis como queriam os empiricistas, mas a verdade desses julgamentos será infalivelmente conhecida, quando o absoluto for conhecido em suas relações sistemáticas, completas e determinadas.

Para Peirce, ao contrário, o falibilismo é irremediável. É uma fragilidade insuperável, entre outras coisas, porque nosso conhecimento é dado pela percepção sempre. E aqui encontramos o ponto de semelhança de Peirce com os empiricistas. O idealismo não foi radical o suficiente para se livrar do intuicionismo. Buscando se livrar dos empiricistas, acabaram por perder e abandonar o grande *insight* desses últimos, ou seja, a descoberta de que, através da percepção, um mundo que não foi feito por nós e que não é uma criatura do absoluto, força-se sobre nós, impõe-se sobre nossos desejos, imaginação e pensamentos.

Em síntese: se, de um lado, os empiricistas tomaram o que está lá fora como um dado, os idealistas, de outro lado, deixaram de lado o fato de que há um ingrediente compulsivo em todo julgamento de percepção, algo que nos acossa e que não depende do movimento da consciência. Como Peirce se posicionou diante dessas duas tendências opostas?

A irredutibilidade da secundidade na percepção e na ação foi a chave peirceana para encontrar uma via média entre o racionalismo e o empiricismo, entre o idealismo e o realismo ingênuo. Ele juntou esses dois opostos em um esquema triádico que não é nem realista, nem empiricista. É semiótico.

A relevância da epistemologia semiótica (ver Santaella e Vieira, 2008) não aparece apenas na relação com o passado, mas também no ambiente intelectual que dominou o século

XX e continua dominando hoje. Sem entrarmos em longas discussões sobre o panorama desse ambiente, pois isso seria tarefa da qual eu não teria condições de me safar, basta tomar a característica fundamental do clima intelectual que tem dominado este século: a tendência contextualista. Nesta, conforme Bernstein (1964), a unidade epistemológica dominante não está mais nos dados sensórios discretos ou em testemunhos fenomênicos simples, mas nas molduras conceituais e nos jogos de linguagem nos quais nossos dados perceptivos devem ser analisados e entendidos.

Emergiu, a partir disso, um novo relativismo linguístico, que tem muita semelhança com o velho idealismo. Não mais um idealismo totalizante, mas fraturado. No lugar de um sistema monístico, centralizador, existe agora uma pluralidade de sistemas, de esquemas conceituais e de jogos de linguagem. As palavras de Bernstein a esse respeito são eloquentes: "a terminologia desse 'caminho de palavras' é nova, mas muitos de seus argumentos têm seu protótipo nos escritos dos idealistas. As consequências dessa nova variedade de idealismo não está tanto no que é dito, mas no que é omitido" (Bernstein, 1964, p. 169).

Aliás, é tal a ênfase colocada nos esquemas conceituais, os quais empregamos para interpretar e interagir no mundo, que fica esquecida a facticidade, a determinação que o mundo feito de fatos, às vezes brutos, exerce sobre nossos sentimentos, vontades e pensamentos: Enfim, o texto, a linguagem, os signos não se esgotam neles mesmos. É essa síntese, entre o mundo que está lá fora e o universo da linguagem, que Peirce efetuou. Para compreendê-la, é indispensável conhecer o papel que a percepção desempenha em sua semiótica, e vice-versa. Sobretudo, é preciso saber reconhecer por que a semiótica, fundada na fenomenologia, é uma teoria sígnica do conhecimento enraizado na percepção.

Comentários finais

Estes apontamentos finais não encerram nenhuma intenção de proceder a um estudo comparativo das três teorias apresentadas neste livro. Isso até seria possível. Há algumas semelhanças evidentes entre os três autores, por exemplo, a recusa de todos eles a quaisquer formas de dualismos de quaisquer tipos, especialmente aquele que tem sua raiz em Descartes e que ainda hoje se encontra fortemente incorporado no senso comum: a relação dual entre sujeito e objeto. Outro exemplo, a crítica aguda que cada um à sua maneira realiza contra os impasses ontológicos e epistemológicos do passado e que, com referência à percepção, expressam-se no subjetivismo, no mentalismo, no mecanicismo e na causalidade linear que ainda impregnam o pensamento de muitos pesquisadores e filósofos. Enfim, cada um, com sua contribuição inegavelmente original, rompeu com o passado, abrindo um novo horizonte para os estudos da percepção, o que permite dizer que os três, considerados em seu conjunto, deram início a um paradigma inteiramente novo nesse campo.

Em níveis mais pontuais, também há alguns termos de comparação que saltam aos olhos entre as três teorias. Veja-se, para exemplificar, como o mergulho, cada vez mais denso, promovido por Merleau-Ponty, no lusco-fusco das zonas pré-reflexivas da consciência, aproxima esse mergulho da dimensão da primeiridade do percepto e do *percipuum* em Peirce. Note-se também quanto a ênfase merleaupontiana no silêncio originário da fala falante pode ser pensada no paralelo com a abdução peirceana, fonte de todos os *insights* na raiz criadora das descobertas. Assim também, a mudez do percepto, mudez daquilo que bate à porta da percepção, em sua natureza ôntica, independente das atividades mentais do percebedor, aproxima o realismo peirceano da insistência realista de Gibson. Há muitas outras comparações possíveis, mas elas não estão nos objetivos que me propus alcançar com este livro.

Ao contrário, está longe de meus propósitos tentar reduzir, nas possíveis relações de similaridade, uma teoria à outra. A grande lição epistemológica, que as teorias desses três pensadores igualmente nos legaram sobre a percepção, é que esta não é jamais capaz de exaurir aquilo que se oferece à percepção. Por mais que a situação perceptiva seja explorada em seus detalhes mínimos, há sempre algo a mais, algo que escapa, que se oculta, que não cabe no ato perceptivo. O mundo é sempre mais vasto e enigmático do que nossas vãs fantasias de abraçá-lo por inteiro. Isso já se evidencia nas situações mais corriqueiras de nosso estar em presença das coisas e do outro. Esta, justamente, é uma das fontes de maior exasperação do sentimento de amor: o outro resiste em sua alteridade, por mais que nosso amor transborde em sua direção.

Ora, no campo do pensamento, o mesmo se repete. Nenhuma teoria pode ser completa. Há sempre arestas e buracos que sobram, que ficam à espera dos complementos, que reclamam pelo devir do pensamento. Em função disso, a proposta que este livro procurou levar adiante, enunciada na introdução, é a de justapor as três teorias, para que essa justaposição seja, por si mesma, capaz de evidenciar a maneira como elas, longe de se identificarem, complementam-se. Devo confessar que essa complementaridade não foi algo que tomei como pressuposto quando dei início às pesquisas, leituras e aprimoramentos necessários à elaboração deste livro. A complementaridade entre as teorias foi se impondo e se revelando, para minha surpresa, como algo não previsto. Com a devida modéstia, recordo aqui a frase de Julio Cortázar quando afirma que autor é o primeiro leitor surpreendido de si mesmo.

De fato, a ideia original que motivou e acionou o esforço da composição deste livro era, antes de tudo, preencher algumas das lacunas, na reconstituição da teoria peirceana da percepção, que ficaram no livro anterior a que este dá continuidade. Paralelamente, os estudos da obra de Gibson e de Merleau-Ponty foram pouco a pouco me trazendo a evidência da natureza estritamente lógica da teoria peirceana e a consequente necessidade de preenchê-la com detalhes de conteúdo, por meio da contribuição das teorias de Merleau-Ponty e Gibson. Com o tempo, entretanto, dei-me conta de que esse procedimento daria a essas duas teorias uma função meramente subordinativa que não fazia jus à grandeza de suas propostas. Veio disso a decisão de tratar cada uma delas em seus próprios termos. Ao tomar essa decisão e colocá-la em prática, as complementaridades entre elas começaram a se colocar em relevo.

A rigor, esta obra ainda mantém-se bastante fiel ao livro de que se originou. Sua contribuição mais relevante continua sendo a de dar conta da complexa teoria da percepção de Peirce, uma parte de sua obra que foi pouco explorada e cuja importância para o todo de sua semiótica e de sua filosofia está longe de ser reconhecida pela comunidade dos especialistas. Faltava, tanto em nível nacional quanto internacional, uma reconstituição compreensível dos fragmentos sobre o tema, espalhados pela obra peirceana, algo que este livro realiza de maneira um pouco mais satisfatória do que o anterior havia logrado.

Digo que essa é a contribuição mais relevante porque, a bem da verdade, o mérito (certamente tenho a esperança de que haja esse mérito!) dos capítulos sobre Merleau-Ponty e Gibson é o de ter conseguido condensar a complexidade dessas duas teorias em algumas dezenas de páginas. O mérito é, portanto, o da condensação, pois estou ciente de que não posso competir com os grandes especialistas – cujas obras me foram de grande valia – no intrincado pensamento desses dois autores.

O que reivindico aqui, portanto, além do reconhecimento da atividade arqueológica exigida pela reconstituição da teoria de Peirce, é também o reconhecimento da originalidade da proposta de que as três teorias, longe de se identificarem, complementam-se. Nos comentários com que finalizei os capítulos dedicados a cada um dos três teóricos, as complementaridades já foram insinuadas. Assim, os desdobramentos ontológicos da fenomenologia da percepção de Merleau-Ponty começaram a abrir as portas para uma ecologia da percepção, que foi magistralmente realizada por Gibson. Este deixou em suspenso o papel desempenhado pela mente na dinâmica perceptiva. Peirce, por sua vez, penetrou nos meandros mais finos das operações mentais que entram em jogo na percepção.

Se, de fato, falta na teoria lógica de Peirce a carnadura concreta do aconchego do mundo, em compensação, ele funda nessa lógica que, de resto, é, sobretudo, uma lógica da vagueza (ver Santaella, 2010, p. 339-368) uma teoria dos signos que é, na verdade, uma teoria das mediações. Estas apresentam gradações que vão da imediaticidade, passam pela quase-mediação, até chegar à mediação genuína. Isso está incorporado na tríade perceptiva. O percepto é o real, que independe de nossas fantasias e elucubrações. No entanto, ele age sobre nós, produz seus efeitos. O *percipuum* é o percepto como *imediatamente* interpretado no julgamento perceptivo. A mediação só se perfaz no julgamento de percepção.

Diante disso, faz sentido a ousadia de Gibson em defender que temos uma percepção direta do ambiente. De fato a temos, pois a percepção é direta, o percepto bate à nossa porta e não podemos fazer outra coisa senão atendê-la de peito aberto. Ela é imediata no *percipuum*, especialmente em seu nível de primeiridade, é quase-mediada nos interstícios do percepto com a sensorialidade de nosso corpo, por fim, mediada no julgamento perceptivo e asseverada ou não no interpretante desse julgamento.

Também diante disso, fica clara a luta interna de Merleau-Ponty para se livrar do ponto de partida da percepção na consciência e sua demanda pelas camadas da realidade em que, na carne, corpo e mundo se amalgamam. A imediaticidade do *percipuum* nos leva a compreender essa dimensão embutida em toda percepção e intensificada em alguns momentos privilegiados do existir.

Com isso, creio que é chegada a hora de expor ao leitor a questão dos três membros de um mesmo tronco que deixei em suspenso na introdução. Falando em três, estamos evidentemente dentro do universo triádico de Peirce. Não há segredos quanto ao fato de que o tronco é a percepção. Aplicando a lógica das três categorias sobre os três membros que são, na realidade, as três teorias trabalhadas neste livro, a dominância da teoria de Merleau-Ponty situa-se na primeiridade, a ecologia gibsoniana encontra-se na secundidade e a ênfase da teoria peirceana recai sobre a terceiridade. A fenomenologia merleaupontiana é um longo e poético ensaio sobre o *percipuum*, com ênfase no interstício tradutório do percepto pela sensorialidade de um corpo-mente. A ecologia gibsoniana é um estudo minucioso das filigramas do percepto, o mundo que está lá fora e que acolhe o animal, porque entre ambos existe uma reciprocidade de entendimento. O animal entende o mundo porque as coisas também falam. A teoria peirceana, como não poderia deixar de ser, é uma análise em filigrana do signo, ou seja, do julgamento perceptivo, aquele que nos diz, afinal, o que é que estamos percebendo.

Na introdução deste livro, declarei que escolhi essas três teorias porque as considero suficientemente poderosas para responder aos crescentes desafios do mundo. Creio que, na verdade, não as escolhi. Fui escolhida por elas.

Referências bibliográficas

ALMENDER, R. F. Peirce's theory of perception. *Transactions of the Charles S. Peirce Society*, v. VI, n. 2, p. 99-110, 1970.

BARBARAS, R. *De l'être du phénomene*. Sur l'ontologie de Merleau Ponty. Grenoble: Jerôme Million, 1991.

BELL, D. Husserl. In: ASHER, R. E. (Ed.). *The encyclopedia of language and linguistics*. Oxford: Pergamon Press, 1994. p. 1621-1622.

BERNSTEIN, R. J. Peirce's Theory of Perception. In: MOORE, E. C.; ROBIN, R. S. (Eds.). *Studies in the Philosophy of Charles Sanders Peirce*. Amherst: The University of Massachusetts Press, 1964. p. 165-189.

BORGES, J. L. *El hacedor*. Buenos Aires: Emecé, 1971.

CESARIO, M. [2009] The primacy of perception in the era of communication. Disponível em: http://www.resetdoc.org/EN/Merleau-ponty-cesario.php. Acesso em 15.07.2010.

Radical embodied cognitive science. Cambridge, Mass.: MIT Press, 2010.

FALABRETTI, E. A presença do Outro: inter-subjetividade no pensamento de Descartes e de Merleau-Ponty. *Rev. Filos. Aurora*, Curitiba, v. 22, n. 31, p. 515-541, jul.-dez. 2010.

FEIGL, H. *The mental and the physical*. Minneapolis: University of Minnesota Press, 1967.

FERRAZ, M. S. A. *Fenomenologia e ontologia em Merleau-Ponty*. Campinas: Papyrus, 2009.

GIBSON, J. J. [1950] *The perception of the visual world*. Westport, Connecticut: Greenwood Press Publishers, 1974.

_____. What is a form? *Psychological Review* 58, p. 403-412, 1951.

_____. A theory of pictorial perception. *Audio-Visual Communication Review*, 2, p. 3-23, 1954.

_____. *The senses considered as perceptual systems*. Boston: Hougthon Mifflin, 1966.

_____. (1979) *The ecological approach to visual perception*. Hillsdale, Nova Jersey: Lawrence Erlbaum Associates, Publishers, 1986.

GOLDSTEIN, E. B. The ecology of J. J. Gibson's perception. *Leonardo*, v. 14, n. 3, p. 191-195, 1981.

GOUDGE, T. Index. *Transactions of the Charles S. Peirce Society*, v. 1, p. 52-70, inverno 1965.
HAGEN, M. *The perception of pictures*. Nova York: Academic Press, 1980. (Academic Series in Cognition and Perception, v. 2)
HAUSMAN, C. R. In and out of Peirce's percept. *Transactions of the Charles S. Peirce Society*, v. XXVI, n. 3, p. 271-308, 1990.
HEGEL, G. W. F. *The phenomenology of mind*. Trad. J. B. Baillie. Nova York: Harper & Row, 1967.
HOUSER, N. Introduction. In: HOUSER et al. (Eds.). *The essential Peirce*. Bloomington: Indiana University Press, 1992.
HUSSERL, E. [1936] *La crise des sciences européennes et la phénoménologie transcendantale*. Trad. G. Granel. Paris: Gallimard, 1970.
_____. *Lições para uma fenomenologia da consciência interna do tempo*. Trad. Pedro M. S. Alves. Lisboa: Casa da Moeda, 1994.
LANGER, M. M. *Merleau Ponty's phenomenology of perception*. A guide and commentary. Londres: The Macmillan Press Ltd., 1989.
LOCKE, J. [1690] *An essay concerning human understanding*. Trad. e ed. Pauline Phemister. Oxford: Oxford University Press, 2008.
LOMBARDO, T. J. *The reciprocity of perceiver and environment*. The evolution of James J. Gibson's ecological psychology. Nova Jersey: Lawrence Erlbaum Associates Publishers, 1987.
MALDONATO, M. Consciência da temporalidade e temporalidade da consciência. *Rev. Latinoam. Psicopat. Fund.*, São Paulo, v. 11, n. 1, p. 39-54, mar. 2008.
MARTINS, P. M. Entre o visível e o invisível, para além do entendimento: o tema da natureza no último Merleau-Ponty. *Rev. Filos. Aurora*, Curitiba, v. 22, n. 31, p. 469-482, jul.-dez. 2010.
MASULLO, A. *Lezioni sull'intersoggettività*. Fichte e Husserl. Napoli: Editoriale Scientifica, 2003.
MATTHEWS, E. *Compreender Merleau-Ponty*. Trad. Marcus Penchel . Petrópolis: Vozes, 2010.
MAXWELL, G. Scientific methodology and the causal theory of perception. In: LAKATOS, I.; MUSGRAVE, A. (Eds.). *Problems in the philosophy of science III*. Amsterdam: North Holland Publishing, 1968.
MERLEAU-PONTY, M. [1945] *Fenomenologia da percepção*. Trad. Carlos Alberto Ribeiro de Moura. São Paulo: Martins Fontes, 1994.
_____. *Signes*. Paris: Gallimard, 1960a.
_____. *L'œil et l'esprit*. Paris: Gallimard, 1960b.
_____. *Le visible et l'invisible*. Paris: Gallimard, 1964.
_____. *La prose du monde*. Paris: Gallimard, 1969.
_____. *O primado da percepção e suas consequências filosóficas*. Trad. Constança Marcondes Cesar. Campinas: Papyrus, 1990.
_____. *Notes. Cours de Collège de France*. Dominique Séglard. Paris: Seuil, 1995.

MOUTINHO, L. D. S. Ontologia e artes em Merleau-Ponty. *Rev. Filos. Aurora*, Curitiba, v. 22, n. 31, p. 483-493, jul.-dez. 2010.

NAKAYAMA, K. James J. Gibson – An appreciation. *Psychological Review*, v. 101, n. 2, p. 3329-3335, 1994.

PAPE, H. The object of the sign and final causation. Texto apresentado no Congresso do Sesquicentenário de Peirce, Harvard, EUA, set. 1989.

PARDELHA, I. P. [2007] Percepção em Maurice Merleau-Ponty. Disponível em: http://filosofiadaarte.no.sapo.pt/percepcaomp.htm. Acesso em 10.01.2011.

PEIRCE, C. S. *Collected Papers*. v. 1-6: HARTSHORNE, C.; WEISS, P. (Eds.); v. 7-8: BURKS, A. (Ed.). Cambridge, Mass.: Harvard University Press, 1931-58. MS refere-se aos manuscritos não publicados de C. S. Peirce, como paginados pelo The Institute for Studies in Pragmaticism, Lubbock, Texas.

_____. *Writings of Charles S. Peirce*. A chronological edition (W). M. FISCH et al. (Eds.). Bloomington: Indiana University Press, 1981-.

_____. *The essential Peirce*. HAUSER, N.; KLOESEL, C. (Eds.). Bloomington: Indiana University Press, 1992.

RANSDELL, J. The function of iconicity in perception. *Peirce Studies* (=1). Lubbock, Texas: The Institute for Studies in Pragmaticism, 1979. p. 51-66.

_____. *Charles Peirce. The idea of representation*. Nova York: Columbia University, 1966. Tese (Doutoramento) – Columbia University. (Inédita)

REED, E. S. *James J. Gibson and the psychology of perception*. New Haven/Londres: Yale University Press, 1988.

ROSENTHAL, S. Peirce's theory of perceptual judgement: an ambiguity. *Journal of History of Philosophy*, jul. 1969.

_____. Beyond "foundationalism" and "anti-foundationalism": Peirce's pragmatic path. *Face* 4, n. 1, p. 11-29, jan.-jun. 1992.

SANTAELLA, L. [1983] *O que é semiótica*. 25. Reimp. São Paulo: Brasiliense, 2009.

_____. *A assinatura das coisas. Peirce e a literatura*. Rio de Janeiro: Imago, 1992.

_____. *A teoria geral dos signos*. São Paulo: Cengage Learning, 2008.

_____. From pure icon to metaphor: Six degrees of iconicity. In: COLAPIETRO, V.; OLSHEWSKY, T. M. (Eds.). *Doctrine of signs*. Berlim: Mouton de Gruyter, 1996. p. 252-262.

_____. *Matrizes da linguagem e pensamento. Sonora, visual, verbal*. 2. ed. São Paulo: Iluminuras/Fapesp, 2005.

_____. *O método anti-cartesiano de C. S. Peirce*. São Paulo: Editora Unesp, 2004a.

_____. *Navegar no ciberespaço*. O perfil cognitivo do leitor imersivo. São Paulo: Paulus, 2004b.

_____. *Linguagens líquidas na era da mobilidade*. São Paulo: Paulus, 2007.

_____. *A ecologia pluralista de comunicação*. Conectividade, mobilidade, ubiquidade. São Paulo: Paulus, 2010.

SANTAELLA, L.; NÖTH, W. *Imagem*. Cognição, semiótica, mídias. 4. ed. São Paulo: Iluminuras, 2005.

SANTAELLA, L.; VIEIRA, J. de A. *Metaciência. Guia para a pesquisa*. Uma proposta semiótica e sistêmica. São Paulo: Mérito, 2008.

SAVAN, D. *An introduction to C. S. Peirce's full system of semiotic*. The Victoria College of the University of Toronto, 1976. (Monograph series of the Toronto Semiotic Circle 1).

SCHIMIDT, J. *Maurice Merleau-Ponty.* Between phenomenology and structuralism. Londres: Macmillan Publishers Ltd., 1985.

SELLARS, W. The identity approach to the mind-body problem. *Review of Metaphysics*, abr. 1965.

STJERNFELT, Frederik. The semiotic body. A semiotic concept of embodiment? In: NÖTH, W. (Ed.). *Intervalle 10. Semiotics bodies, aesthetic embodiments, and cyberbodies*. Kassel University Press, 2006. p. 13-48.